ALTDEUTSCHE TEXTBIBLIOTHEK

Begründet von Hermann Paul
Fortgeführt von G. Baesecke
Herausgegeben von Hugo Kuhn
Nr. 79

I0643533

ULRICH FÜETRER

Wigoleis

Herausgegeben

von

Heribert A. Hilgers

MAX NIEMEYER VERLAG TÜBINGEN

1975

JOHANNES RATHOFER

zum 9.9.1975

Geb. Ausgabe   ISBN 3-484-20087-1
Kart. Ausgabe   ISBN 3-484-20088-x

© Max Niemeyer Verlag Tübingen 1975
Alle Rechte vorbehalten. Printed in Germany
Satz: Rothfuchs Dettenhausen
Einband von Heinr. Koch Tübingen

Inhaltsverzeichnis

Vorwort

I.

Der Text von Ulrich Füetrers ‚Wigoleis' ist schon einmal herausgegeben worden: 1938 von Almut Mört, aber er ist in ihrer ungedruckt gebliebenen Dissertation[1] doch eher verborgen als veröffentlicht. Indiz dafür ist, daß noch 1964 Renate Munz zwar Hofmanns ebenfalls maschinenschriftliche Edition des ‚Meleranz'[2] erwähnt, Füetrers „Geschichte von Floreis und Wigalois" dagegen als unediert bezeichnet[3]. Ebenso ist in Rupprichs Literaturgeschichte[4] die Ausgabe von 1938 nicht verzeichnet. Dazu kommt freilich, daß der von Almut Mört gebotene Text an vielen Stellen problematisch ist: gelegentlich findet sich das, was bei ihr steht, nicht in den Handschriften, weil sie nicht genau gelesen hat, und mehrfach kann das, was bei ihr wie in den Handschriften steht, nicht der authentische Text sein, weil entweder beide Schreiber Fehler gemacht haben und daher eine Konjektur erforderlich ist oder weil die richtige Fassung der Handschriften von Almut Mört durch fal-

---

1 Almut Mört, Ulrich Füetrers ‚Wigelois', masch. Diss. Wien 1938.
2 Franz Josef Hofmann, Der ‚Meleranz' von dem Pleier in der Bearbeitung Ulrich Füetrers, masch. Diss. Wien 1933.
3 Renate Munz (Hg.), Ulrich Füetrer, Persibein, Aus dem Buch der Abenteuer, Tübingen 1964 (Altdeutsche Textbibliothek 62), S. XI, Anm. 12.
4 Hans Rupprich, Die deutsche Literatur vom späten Mittelalter bis zum Barock, I: Das ausgehende Mittelalter, Humanismus und Renaissance, 1370–1520, München 1970 (Geschichte der deutschen Literatur von Helmut de Boor und Richard Newald IV, 1), S. 735.

sche Interpunktion in manchmal grotesker Weise verderbt worden ist. Die Wiedergabe eines Textes, so wie ihn oder ungefähr so wie ihn eine Handschrift bietet, ist eben noch keine kritische Ausgabe. Das ist der deutschen Mittelalter-Philologie schon an der Wiege gesungen worden[5], und daran hat sich nichts geändert[6]. Jedenfalls ist in der hier vorgelegten Textfassung kaum eine Strophe gegenüber der Version von Almut Mört unverändert geblieben[7].

II.

Der ‚Wigoleis‘, Nacherzählung einer Geschichte, die in Deutschland über 250 Jahre vorher durch Wirnt von Gravenberg bekannt geworden[8] und, wie die vergleichsweise vielen Handschriften zeigen[9], auch bekannt geblieben war, verdient literarhistorisches und poetologisches Interesse sicher ebenso wie die in den letzten Jahren veröffentlichten anderen Teile von Füetrers großem

---

5 „Den Lesarten einer einzigen Handschrift folgen und nur ihre Schreibfehler aus andern bessern, heißt doch gewiß noch nicht eine kritische Ausgabe liefern" (Karl Lachmann, Jenaische Allgemeine Literatur-Zeitung 1817, Nr. 132, Sp. 114 = Kleinere Schriften zur deutschen Philologie, Berlin 1876, S. 82).

6 Vgl. meine Bemerkungen über Textkritik als Interpretation (Zur Geschichte der Wigalois-Philologie, Euphorion 65, 1971, S. 272–273) und über die Korrelation zwischen der „Künstlichkeit" einer Text-Ausgabe und ihrer „kritischen" Qualität (Die Überlieferung der Valerius-Maximus-Auslegung Heinrichs von Mügeln, Köln und Wien 1973, S. 407).

7 Die Begründungen für meine Textgestaltung werde ich an anderer Stelle geben.

8 Wigalois, der Ritter mit dem Rade, von Wirnt von Gravenberc, hg. v. Johannes Marie Neele Kapteyn, I Bonn 1926 (Rheinische Beiträge und Hülfsbücher zur germanischen Philologie und Volkskunde 9).

9 Vgl. Heribert A. Hilgers, Materialien zur Überlieferung von Wirnts ‚Wigalois‘, Beiträge 93, Tübingen 1971, S. 228–288.

Epenzyklus von Gral und Tafelrunde[10]. Das gilt insbesondere, nachdem kürzlich Brandstetter das ‚Wigoleis'-Volksbuch in der Fassung des Erstdrucks von 1493 neu publiziert und als Beispiel für den Texttyp der Prosaauflösung interpretiert hat[11]. Zwar hat schon 1819 Benecke die Vermutung geäußert, Füetrers ‚Wigoleis' basiere auf dem Prosatext[12], und Hamburger[13], Almut Mört[14], Herta Zoder[15] und zuletzt Rupprich[16] haben dem zugestimmt, so daß konsequenterweise Brandstetter beim Vergleich seiner Prosaauflösung mit ihrer Vorlage Füetrer überhaupt nicht erwähnt[17]. Aber hier sind doch erhebliche Zweifel an einer communis opinio anzumelden.

Es sei zunächst daran erinnert, daß sich eine Handschrift von Wirnts ‚Wigalois' in der Bibliothek von Füetrers Freund und Förderer Jakob Püterich von Reichertshausen befand[18].

---

10 Poytislier, hg. v. Friederike Weber, Tübingen 1960 (Altdeutsche Textbibliothek 52); Persibein, hg. v. Renate Munz, Tübingen 1964 (Altdeutsche Textbibliothek 62); Gralepen, hg. v. Kurt Nyholm, Berlin 1964 (Deutsche Texte des Mittelalters 57); Trojanerkrieg, hg. v. Edward G. Fichtner, München 1968.

11 Alois Brandstetter, Prosaauflösung, Studien zur Rezeption der höfischen Epik im frühneuhochdeutschen Prosaroman, Frankfurt/Main 1971. Der Textabdruck S. 190−235 beruht auf dem Exemplar der Bayerischen Staatsbibliothek, dem zwei Textblätter fehlen. Größere Partien dieses Fehlbestandes werde ich nach einem Brandstetter unbekannt gebliebenen Zweitexemplar demnächst in der Zeitschrift für deutsche Philologie publizieren.

12 George Friederich Benecke (Hg.), Wigalois, der Ritter mit dem Rade, getihtet von Wirnt von Gravenberch, Berlin 1819, S. XXVIII.

13 Paul Hamburger, Untersuchungen über Ulrich Füetrers Dichtung von dem Gral und der Tafelrunde, Straßburg 1882.

14 Almut Mört (siehe hier Anm. 1) S. 1−2 und 76−77.

15 Herta Zoder, Die Arbeitsweise Ulrich Füetrers als Ergebnis der vergleichenden Betrachtung seines ‚Wigoleis' und dessen Vorlage, masch. Diss. Wien 1938/39, S. 5, 156−157 und 168.

16 Hans Rupprich (siehe hier Anm. 4) S. 55.

17 Er kommentarlos davon aus, daß der Prosa-‚Wigoleis' die Prosaauflösung von Wirnts ‚Wigalois' ist (S. 9).

18 Püterich nennt sie bei der Aufzählung seiner Bücherbestände: *Herr*

Es sei weiter darauf hingewiesen, daß Füetrer divergierende Quellen auf ihre „Richtigkeit" zu befragen pflegt[19]. Angesichts dessen wäre es mehr als merkwürdig, wenn er, der für seinen Fürsten und dessen Hof ein Kompendium der Artus-Tradition zusammenstellen will, für die Erzählung von Wigalois auf das anonyme Prosawerk eines Zeitgenossen statt auf das ihm bei Püterich zugängliche alte und altehrwürdige Versepos Wirnts zurückgegriffen hätte. Ich bin davon überzeugt, daß diese allgemeine Erwägung durch konkrete Textbelege zu stützen ist.

Wenn aber Füetrers ‚Wigoleis' unmittelbar auf Wirnts ‚Wigalois' zurückgeht, dann müssen die Übereinstimmungen zwischen Füetrer und dem Prosaisten anders als bisher erklärt werden. Die chronologischen Fakten sind nicht so überschaubar, daß die Priorität eindeutig festgelegt wäre: der Prosaautor hat nach der Auskunft, die er selbst gibt, den Auftrag zur Abfassung seines Textes 1472 erhalten[20] und seine Arbeit 1483 beendet[21]; Füetrer hat für seinen ‚Wigoleis' keinen terminus post et ante quem mitgeteilt, doch hat Nyholm nach sorgfältigem Vergleich aller bisher bekannten Daten die Abfassung des zweiten Teils des ‚Buchs der Abenteuer', der mit dem ‚Wigoleis' beginnt, „neben oder nach" der Bayerischen Chronik angesetzt[22], die ihrerseits nach Füetrers eigener Aussage in den Jah-

---

Wigileus vom rad: Wirent von Grafenbergkch voltichtet sein getat (vgl. Fritz Behrend und Rudolf Wolkan, Der Ehrenbrief des Püterich von Reichertshausen, Weimar 1920, S. 26 und 36).

19 Vgl. Strophe 125 bei Nyholm (siehe hier Anm. 10).
20 Blatt a ij[r] des Drucks von 1519. Vgl. die inzwischen erschienene Faksimileausgabe: Wigalois, hg. v. Helmut Melzer, Hildesheim 1973 (Deutsche Volksbücher in Faksimiledrucken 10). Die entsprechende Stelle aus dem Druck von 1493 werde ich in dem hier Anm. 11 angekündigten Aufsatz nachtragen.
21 Blatt d viij[v] des Drucks von 1493 (Brandstetter 235, 30–31).
22 Nyholm (siehe hier Anm. 10) S. XXXV.

ren 1478 bis 1481 entstanden ist[23]. Demnach ist es durchaus möglich, daß Füetrers ‚Wigoleis' vor der Prosaauflösung fertiggestellt war.

Aber damit die Frage, ob Füetrer nun Wirnt oder den Prosatext, ob der Prosaautor Wirnt oder Füetrer oder beide gekannt und benutzt hat, sinnvoll gestellt und nachprüfbar beantwortet werden kann[24], sollte zunächst Füetrers Bearbeitung ebenso zugänglich sein wie die Prosafassung.

III.

Als Textzeugen stehen für den ‚Wigoleis' nur die beiden seit langem bekannten und von Nyholm[25] noch einmal beschriebenen Handschriften A und B zur Verfügung: der Codex Germanicus Monacensis cgm 1, eine schon durch Format und Umfang imponierende Pergamenthandschrift der Bayerischen Staatsbibliothek in München, in die der ‚Wigoleis' auf den Seiten f.75r–83r eingetragen ist, und der Codex Vindobonensis 3037, der erste von zwei zusammengehörigen Codices der Österreichischen Nationalbibliothek in Wien, der den ‚Wigoleis' auf den Seiten f.124r–136v enthält.

C, cgm 247 der Bayerischen Staatsbibliothek, überliefert nur den ersten Teil des ‚Buchs der Abenteuer', D, Codex 2888 der Österreichischen Nationalbibliothek, nur den ‚Merlin', E, Codex 140 der Fürstlich Fürstenbergischen Hofbibliothek in Donaueschingen, nur ‚Poytislier' und ‚Flordimar'.

Für alle bisherigen Editionen von Texten aus dem ‚Buch der Abenteuer' ist A als Leithandschrift gewählt worden. Es wäre also nicht sinnvoll, von diesem Brauch abzuweichen,

---

23 Ulrich Füetrer, Bayerische Chronik, hg. v. Reinhold Spiller, München 1909, Neudruck Aalen 1969, S. 3 und S. 214–215.

24 Ich hoffe, meine Untersuchungen zu diesem Thema in Kürze vorlegen zu können.

25 Nyholm (siehe hier Anm. 10) S. XXXVI–LXVIII.

weil dann die Vergleichbarkeit der einzelnen Ausgaben beein-
trächtigt würde. Zwar zeigt auch der ‚Wigoleis‘, daß A keines-
wegs eine fehlerfreie Textfassung bietet, aber anderseits weist
B, trotz einiger zweifellos besserer Lesarten, nicht schlecht-
hin einen höheren Authentizitätsgrad auf als A. Daher ist die
Entscheidung für A nicht nur wissenschaftsgeschichtlich moti-
viert, sondern auch von der Sache her gerechtfertigt.

IV.

Die vorliegende Ausgabe ist so gestaltet, daß nicht nur der
Wortlaut, sondern in allem Wesentlichen auch die Schreibwei-
se von A wiedergegeben ist, entweder im kritischen Text oder,
wo dieser von A abweicht, im Variantenapparat. Großschrei-
bung ist für den Strophenanfang und für Eigennamen reserviert,
dort aber, auch gegen A, konsequent durchgeführt. Abbrevia-
turen sind aufgelöst, wobei sich keine Zweifelsfälle ergaben.
Auf die Verstrennungsstriche der Handschrift konnte verzich-
tet werden, da die Verse im kritischen Text abgesetzt sind.
Moderne Interpunktion ist so gesetzt, daß möglichst unmittel-
bar dem Textverständnis gedient wird. Die diakritischen Zei-
chen habe ich folgendermaßen behandelt: übergesetztes *e*, das
in mehreren Zersetzungsstadien vorkommt, ist durch das übli-
che Umlautzeichen wiedergegeben, ein spitzer Bogen ist über *u*
(und *v*) als solcher gesetzt, über *w* (und *u* im Diphthong *eu*)
dagegen, wo er ohne erkennbares System steht oder fehlt, ge-
nerell weggelassen. Im übrigen sind die Abweichungen des kri-
tischen Textes von A kursiv gesetzt.
    Einige Änderungen habe ich metri causa vorgenommen.
Sie müssen ebenso begründet werden wie die Vorschläge für
die Rhythmisierung und also für den „Vortrag‟ der Verse,
die durch Punkte unter Vokalen bezeichnet sind. Ihnen liegt
zugrunde die These, daß Füetrer die Realisierung eines be-
stimmten Schemas der Titurel-Strophe intendiert[26].

26 Vgl. vorerst Nyholm S. LXXXV—XCVI und Hans-Georg Maak, Zur

Von B sind alle relevanten Varianten in den Apparat aufgenommen worden. Auf die iterierenden Varianten (etwa *b* neben *p*, *k* neben *ch*, auch *zu* neben *züe* und *abentewr* neben *awentewr*) sowie auf nur graphematisch Interessantes (etwa *stamm* neben *stam*, *zellt* neben *zelltt*, *seyt* neben *seydt*) habe ich verzichtet.

Nicht unproblematisch ist die Wiedergabe der Eigennamen. Der Name des Titelhelden beispielsweise kommt an 73 Stellen vor: an 52 in der Form *Wigelois* (davon viermal nur in B), an 16 in der Form *Wigoleis* oder *Wigeleis* (davon einmal nur in B), an 5 schließlich steht A mit *Wigelois* gegen B mit *Wigoleis/Wigeleis*. Dieser Befund scheint zunächst die Bevorzugung von *Wigelois* nahezulegen. Aber an vier von diesen 73 Stellen steht der Name im Reim: dreimal ist das Reimwort *preis*, einmal *kurteis* in B, *kurtois* in A, doch auch dieses Wort heißt bei Füetrer sonst überwiegend *kurteis(e)* und reimt Poy. 276,3 auf *speise*, Per. 35,3 und 317,1 auf *weyse*, Per. 108,1 auf *preyse*[27]. Die Reime sichern also die Form *Wigoleis* als authentisch. Ich habe sie daher für den Titel gewählt. Aber ich konnte mich nicht dazu entschließen, bei der überwiegenden Mehrzahl der Fälle, in denen beide Schreiber übereinstimmend *Wigelois* setzen, zu „normalisieren". Denn Füetrer läßt auch sonst Doppelformen bei Namen zu, etwa *Persiben* neben *Persibein* und *Laria* neben *Lareye*.

Sollte die Prosafassung, in der übrigens konsequent *Wigoleis* gesetzt ist, Füetrers Vorlage gewesen sein, wie die bisherige Forschung annimmt, dann bietet sie unverächtliche Authentizitätskriterien für Füetrers Text; sollte aber umgekehrt, wie ich beweisen zu können hoffe, der Prosaautor Füetrers ‚Wigoleis' gekannt und benutzt haben, dann kann die Prosafassung als dritter Überlieferungszeuge neben A und B fungieren. An

---

metrischen Form von Füetrers Abenteuerbuch, Zeitschrift für deutsche Philologie 86, 1967, S. 58—69.

27 Vgl. aber auch Maak S. 63 mit Hinweis auf die Verse Nyh. 402, 1 und 774,2.

einer Reihe von Stellen jedenfalls lohnt es sich, Parallelen aus der Prosa im Variantenapparat aufzuführen.

Schließlich enthält der Apparat in ein paar charakteristischen Fällen Hinweise auf meine Argumente für die Textgestaltung. Sie nehmen die angekündigte ausführliche Begründung andeutungsweise vorweg.

Abkürzungen

A	cgm 1
B	cod. Vind. 3037

Iban	Iban hg. v. Alice Carlson 1927.
Nyh.	Gralepen hg. v. Kurt Nyholm 1964.
Per.	Persibein hg. v. Renate Munz 1964.
Poy.	Poytislier hg. v. Friederike Weber 1960.
Pro.	Prosa-Wigoleis hg. v. Alois Brandstetter 1971.
Pro. Straßb.	Prosa-Wigoleis Straßburg 1519.
Sei.	Seifrid hg. v. Friedrich Panzer 1902.
Tro.	Trojanerkrieg hg. v. Edward G. Fichtner 1968.
Wirnt	Wigalois hg. v. Johannes Marie Neele Kapteyn 1926.

i.m.	in margine
korr.	korrigiert
s.l.	supra lineam

TEXT

I   Hie hebt sich an das annder püech, das da sagt des
    ersten, wie Floreis züe Karidol cham vnnd sein zelltt
    züe velld auf schlüeg vnnd Gabonen gefanngen mit im
    hin füert, vnnd die awentewr her Wigoleis.

1   Ain stam ist auf gerichtet,
        noch mangelennd maniger zier.
    das er bleib vnuernichtet,
        darumb hat ain edler fürst gepoten mir,
    das ich mit frucht vnnd leubern in behencke.
    seim bott ich vnterwürffig bin,
        so han an kunstt vnnd witzen ich die chrencke.

2   Doch leg ichs nit dar nider,
        seydt mirs pewt sein gewallt.
    zu meim werck greiff ich wider,
        so ist mein syn vnnd kunstt ains tails zu kalltt.
    Maria, magt, leich mir genaden stewre!
    ich pitt dich vnnd dein rayne frucht,
        das ir in mir an zündt der künsten fewre.

3   Vor zeitten, da man wielte
        tugent vnd ritterspil
    vnd seinn stat mengclich hieltte,
        do was inn lannden frid vnd reichait vil,
    do was der eren zil hoch auf gestossen:
    wer dar nicht statt mocht vinden,
        der daucht sich selb an eren gar den plossen.

1,1 *Initiale* A *fehlt* B.   2,4 ain tails *AB, aber vgl. 200,5,*
1,1 stain *A, aber vgl. Nyh. 2415,1.*   *212,5, 283,3, ferner Iban*
                                          13,3, 150,4, 232,1, 293,2.
                                      3,7 selbs *B.*

4   Diß was der kŭnig Artause,
          der ye lebt sunnder schanndt.
      der het stätigclich zu hawse
          die pestten ritter, die man zer welltte fanndt.
      ain gesellschafft hett er, der mennger tewr gertte:
      wer sich dar wollt gesinnden,
          der müest an wierden sein der vnuersertte.

5   Sein messenney sunß pflage
          des sits zu allen stunnden,
      das si woch, zeitt vnnd tage
          zu velld vnd walld ritten, wo si et funnden,
      da von des hofes preis si allczeit mertten.
      da von die edeln fŭrsten hoch
          von manngem lannd des enndes dar hin gertten.

6   Zu ainem mayen grüene
          füegt sich durch awentewr,
      das ain fŭrst wunnder küene
          besehen wollt die messenney vil tewr,
      von der man in den lannden saget, sunnder
      von ir manhait der starcken.
          des nam in vnnd sunst all sein fŭrsten wunnder.

7   Vor ainem walld zu vellde
          schlüeg er fŭr Karidol
      auf ain uil reich gezellde,
          das es sahen *ganntz* die werden wol.
      er wollt auch da nach hochem preyse ringen.
      er dacht, alls sein gewerbe
          wollt er et selber in zu hofe pringen.

4,3 stätlich *B*.   5,6 edelen *B*.
4,5 hetter *B*.   5,7 manigem *B*.
4,7 wirden *B*.   6,5 sagtt *B*.
5,1 suß *B*.   7,4 all *hinter* ganntz *i.m. 2.Hd. A*.
5,2 sitz *AB*.

2

8 Ains morgens kayserleichen
    rait er zur purge zinnen
  in claidern hartte reichen
    vnnd vorschte nach der edeln kŭniginnen.
  die cham schnell dar mit mennger claren frawen.
  er bott ir grües, alls er das kund,
    vnd bat, das si des willens sich ließ schawen,

9 Das si da nemen woll*tt*e
    von im ain porten reich,
  geziert von gstain vnd goll*tt*e.
    des annttwurtt im mit zucht dj minnecleich:
  'sollt ich den gŭrttel allsuß von euch nemen,
  uil leicht ich mich vergachte,
    das meinen eren möchte misse zemen.'

10 Do sprach Floreis der clare:
    'nembt in, fraw, sunnder sorgen!
  ob es euch rewt, fŭr ware
    an dise statt chumm ich nämlichen morgen.
  in der zeit habet ratt gar diser dinge!
  gertt ir sein dann zu aigen,
    die koste dran wig ich gen ew uil ringe.'

11 Si dacht: 'ob ich das meyde,
    mein wird chrenckt sich da von.'
  sunst nam si das geschmeide
    vnd trüeg es zu ir öhaim, her Gaban,
  vnnd sagt im gar mit alle die geschichte.
  auch gert si rat zu diser ding.
    er sprach: 'fraw, es gepŭrt bey nam zu nichte!

9,1 wolltte *korr. zu* wollde *A*.   11,2 wierd *B*.
9,3 goltte *korr. zu* golde *A*.   11,5 geschichichte *B*.

3

12 Fraw, morgen so er kummet,
      raicht im den gürtel wider!
   an eren ewch das frummet!'
      wie er es riet, allso geschach es sider.
   der ritter sprach: 'ich füer in nicht suß hynnen!
   fraw, sagt der messenney von mir,
      welch ritter in mit streitte well gewynnen,

13 Der mag wol aus zu vellde
      durch thiost gen mir chummen.
   ich pewtt in streittes gellde.'
      do die zer tauelrunnd ditz mär vernummen,
   da ward ain gahen, yeder der erstt wollt wesen.
   wie chüen si alle waren,
      ettlichen tett man in den plüemen auf lesen.

14 Ditz werdt zu dreissig tagen,
      das die zer tauelrund
   täglich thioste pflagen.
      den sig *ir* chainer nicht erwerben chund.
   Gaban der sprach: 'ich mües zu velld auch reitten,
   mit disem ritter küenen
      wil ich auch vmb des hofes ere streitten.'

15 Gaban sich schon zimiertte.
      der edel, müttes her,
   zu veld cham er gezierte.
      dort hielt Floreis mit auf geworffem sper.
   an zimier, schillt nach sag er Gaban kantte.
   sein kunfft in frewdr an masse,
      wann er nicht wann durch in zu hofe wantte.

12,7 streitt *B*.   14,5 vellde *B*.
13,5 gachen *B*.   15,6 frewd *AB, aber vgl. 19,7, 27,7,*
14,4 ir *fehlt A*.   *28,6 gegen 29,5, 33,5, 206,1.*

4

16 Da ward ain thiost reiche
   geriten von in paiden.
die ergieng so hurticleiche:
   der sper druntzun den lufft begunnden claiden.
man sagtz für wunnder, das die hellt ye gesassen
von disem starcken iuste.
   darnach zunn seitten der schwert si nicht uergassen.

17 Dy hellden paid man ringen
   sach nach preislichen eren.
des tetten funcken springen
   von helm vnd schillt. Gaban in woltte weren
ains straichs. sein arm tett er gen höch auf zucken.
den schlag er so mit chrefften holt:
   da von sein schwert im prach zu manigen stucken.

18 Des müest er zwungenleiche
   viantze disen weren.
Gaban der ellensreiche
   müest mit dem helld zü seinem lannde keren.
er sagt im auf dem weg gar dise märe,
wie er mit zaubers listten
   vnnd chraft der stain sunß überwunnden wäre:

19 'Herr, ich kan mirs nicht achten
   selb zu manlichen eren.
mein gier tett ye betrachten,
   wie ich das / möcht in aynicher weyß zue keren,   [f. 75v A]
das ir mir ymmer solltet werden kündig.
das ich euch pring mit mir zu lanndt,
   das ist ein frewd an massen mir auspündig.'

16,4 drutzun *B*.   18,4 kern *A*.
17,7 mangen *B*.   19,3 gierd *B*.

20 Allsus mit im zu lannde
        er den uil rainen pracht.
    da man das mär befannde,
        mannger ritter vnd werde frawe dacht,
    wie man sein enpfang mit eren hoch verprächte,
    wo mans sagt in dem lannde,
        das man es in zu wirden auch gedächte.

21 Mit schöner karthosie
        ward Gaban do entpfangen.
    der wellt wunsches amye,
        von der er ward mit armen schon vmbfanngen.
    das was ain magt an tugent uil gepreiset.
    ir clarhait im gedäncke pracht,
        es wär mit nam ein enngel geparadeiset.

22 Zer hennde si in füerte
        mit ir auf das palas,
    die nie kain valsch vmb gurte,
        do manig ritter vnd clare frawe saß.
    Amor in baiden schos der mynne strale.
    wie si es müsten helen,
        doch laid ains von dem anndern mynne quale.

23 Floreis sprach zu Gabane:
        'secht, herr, die schwester mein!
    ir leib, dar züe mein chrane,
        ob das möcht mit ewer hulden sein,
    die gäb ich euch zü sampt ir süessen mynne
    ymmer stätt zü kanscheffte,
        ob ir die nyndert füeren wolttet hynne.

21,2 da *B*.
22,7 annderen *B*.
23,3 chrone *B*.

23,4 möcht *AB; vielleicht* möchte,
     damit der Vers auftaktig ist.
23,4 ewr *AB*.

24 Wellt ir zu lannd beleyben,
    durch willen meiner schwester
ewr zeyt bey vnns vertreiben,
    so *ward* geware freuntschafft vor nye vestter,
dann ich euch main mit trewen ganntz zu laistten.
doch mŭgt ir wol nach ritterschafft
    die lannd beschawen, doch bleibet hie zum maisten!'

25 Florie suß das machte,
    das Gaban der gehewr
ir schön allso betrachte,
    wann im Venus sunß zŭndt der mynne fewr,
das sich Gaban mit alle des verainet
zu wonen bey der süessen.
    sunst ward verkant im die uil kewsch gerainet.

26 Florey die kŭniginne
    empfieng von seinem leib
all durch ir baider mynne
    ein raine frucht, das mynnecliche weib.
er patt die süessen, das si im erlaubte
ain rais zu seinen magen,
    durch sein abwesen ir traurens si beraubte.

27 Si sprach: 'ich laß euch faren,
    wie kumerleich es mir ste.
thüet mich vor laid bewaren,
    so das ewr widerfart vi*l* pald erge!'

24,1 wollt *B*.   26,7 ab wesens *B*.
24,4 wär *AB, aber vgl. Pro. 193,16*   27,3 bewarn *B*.
    ward.   27,4 vild bald *A*.
26,1 Florie *B; zu* Florey *neben me-*
    trisch dreisilbigem Florie *vgl.*
    auch Larey *neben überwiegen-*
    dem Laria.

nach vrlab sprach er zu den werden allen.
mit armen in die rain vmbfieng.
    si sprach: 'uil frewd sol mir nach euch entpfallen!'

28 Si raicht im dar in trewen
      ain tewern gǔrtel reichen.
  si iach: 'dj fart euch rewen
      wurd sunst.' des anttwurtt er der mynicleichen:
  'biß hohes müts, suß wil ich durch dich wesen!
  ob dw woldtz frewd enperen,
      so möcht auch ich an freuden nicht genesen.'

29 Sunst schied er aus dem lannde
      vnnd ließ den gǔrtel dortt,
  der wunnder küen weygannde.
      do man zu Karidol sein kunft erhort,
  die messenney frewdt sich zu hof der märe.
  di tagald*i* was vngeleich:
      sein amey laid nach im dört iamer schwäre.

30 Da wont er bey sein magen
      uil nach ain halbes iar.
  gedänck in teten iagen
      wider ins lannd zu seiner frawen clar.
  der küen zer messenney vrlaubes gertte.
  von seiner dannen ferte
      ritter vnd frawen es frewden uil uerserte.

31 Sunst rait er hin sein strassen,
      der ye uil tugent pflag.
  der gǔrtel sey verwassen,

27,7 er sprach *A*.
28,5 hoches *B*.
28,6 enpern *A*.

29,6 tagaltei *B*, tagald (-d *auf getilg-tem* -tei) *A*, *vgl. 67,4* tagaldi.

das er in nicht aus fürt! drumb mengen tag
irrig er rait weyt vmb in mangem lannde.
er fannd dar weg noch verte,
 es was et meniclich gar vnerkande.

32 Diß lannd er nicht mocht finden,
  wie ers doch süecht ain jar.
zu jǔngst müst er erwinden.
  do rait er wider zu der werden schar
zu Karidol, seim öhaim kǔnig Artausen.
nu höret, wie es dortt ergieng,
  do er aus rait durch wilder pirge clausen!

II Awentewr, wie Wigeloys vrlaubs von seiner müter gert,
auch wie im zu Karidol gelanng *auf dem Floranndt*
vnd wie in Artus zu ritter macht.

33 Alls Gaban schied von lannde,
  do sein amia was,
kurtz darnach all zu hannde
  die mynnikleich ains schönen suns genas.
des sich frewdt alles volck im lannd gemaine.
zu mǔnster man den jungen trüeg,
  Wigoleis im tauff nennt man das kindlein claine.

34 Es ward mit schöner zuchte
  der füege uil gelert
die her Gabanes fruchte.
  sein freche gier ye ritterschefte gert.

31,6 fannd der weg *A B*.
31,7 mengclich *B*.
32,7 wilden *A B*.

II,2f auf dem *bis* macht *fehlt A*.
33,5 im lannd *fehlt B*.
34,3 Gabones *B*.

ee im die granen aller erst her sprungen,
do hort er, das zu Karidol
    die ritter allczeit nach uil eren rungen.

35 Er sprach: 'ich wil gesinden
    mich auch der werden schar,
ob ich da stat mag finden.'
    er gieng nach vrlaub zu seiner müetter clar.
er sprach: 'fraw, latz mit ewer gunst beschehen,
das ich den chŭnig zu Pritan
    vnnd auch sein messenney mŭg schier gesehen!

36 Sein eren don erclinget
    so süeß in meinen oren,
das es mir kumer pringet,
    sol ich mein rais verziechen nur pis moren.
darumb mir dise hofe rais erlaubet!
ich kum in kŭrtz wider zu lanndt,
    ja ob mich got meins lebens nicht beraubet.'

37 Diß vrlaub seiner müetter
    zu hertzen gieng uil nahen,
da ir sun küen vnd früetter
    sich von dem lannd sunst wollt von ir vergahen.
man pracht ain prŭnn, die von gstain weit erglestte,
ain kastelon von Spanien hoch,
    schwert, helm vnd schilt für not dy aller pestten.

34,5 so im *B, vgl. Pro. 194,39*   35,7 gesechen *A*.
    als . . . jm die granen aller erst   36,4 nun piß mornen *B*.
    hersprungen, *dagegen 248,4*   36,5 hofrais *B*.
    dem edeln iungen süessen ane   37,4 uergachen *B*.
    part.   37,5 erglestten *AB*.
34,6 da *B*.   37,6 kastelan *B*.
35,4 urlab *B*.   37,7 swertt *B*.
35,5 ewr *AB*.

38 Zw aller massenneye
  sich vrlaubt diser degen.
hin rait der schannden freye.
  da ward im nach gewůnscht manng rainer segen.
er kam / zu Karidol in kurtzen tagen,   [f. 76r A]
zu ainer linden grüene.
  ritter vnd frawen uil dortt zu venster lagen.

39 Nu pannd der degen rayne
  sein ors zer linden ast
vnd saß auf ainen staine.
  vil wenig westt der jung vnd clare gastt,
was dises staines art zu recht mocht wesen:
kain man im nye genahen mocht,
  er wär dann ganntzer tugent auß erlesen.

40 Vnder all der messenneye
  uil lůtzel man ir fannd,
dy wärn so schannden freye,
  das si dran greiffen möchten mit ir hannd.
Artus saß drauf, vom hof gar kainer mere.
Gaban raicht mit der hannde dar:
  an ainer magt verloß er dise ere.

41 Wie nw das von Gabane
  zum ersten sich ergieng?
ain maget wol getane
  an vrlaub er mit armen vmbe vieng,
darumb er müest drauf siczens gar enperen.
das ainer an meins herren hof
  zu Můnchen läg, wollt ich an massen geren!

38,4 manig B.   41,1 nun B.
40,3 wären B, warn A.   41,7 můnichen B.

11

42   Sein eeren wurtz gantz feuchtig
        ist tugent uol gemessen.
    darumb sein wird durchlewcht!g
        mit namen wär auch auf den stain gesessen,
    seid sein hertz ye nicht dann nür eren gertte.
    gezewg sind des di pestten,
        das lasters mal sein preyse nye versertte.

43   Alls nw die pestten sahen
        den hellden auf dem stain,
    do ward ain michel gahen.
        kŭnig, darzüe die messenney gemain
    entpfiengen do den iungen wolgestalten.
    man füert in fŭr die kŭnigin:
        do ward mit kus vnd armen er vmbfalten.

44   Er sprach zu kŭnjg Artause:
        'hört, herr, was mich her pracht!
    ich hort da haim zu hause,
        das ewer ye zum höchsten ward gedacht.
    auch sagt man von der messenney das wunnder,
    das nyempt mit preis geleichet
        den, die siczent hie zer tafel runnder.

45   Möcht ich genad des finden
        zu euch vnd all den werden,
    das ich mich sollt gesinden
        an diser schar, so möcht mir doch auf erden
    kain ding allsus nach meinem wunnsch geczemen.

42,3 wierd *B*.
43,1 nun *B*.
43,5 da *B*.
44,4 ewr *AB*.

44,4 zum pessten *B, aber vgl. Pro.*
    196,19 zŭ dem hŏchsten.
44,7 die hie sitzent *B*.
45,5 getzämen *B*, e *auf Rasur A*.

die birg von gold auf Kaucasas
   wollt ich für die gesellschafft hie nicht nemen.'

46 Der künig sprach: 'des ir geret,
       sollt ir auch stat hie finden.
    ewr preis wiert hie gemeret.'
       er pat Gaban, er sollt sichs vnterwinden:
    zu ritters für sollt er in wol besachen.
    zu ainem turnay, künfftig schier,
       wollt er in vnd noch ettlich ritter machen.

47 Do füert man aufs geuilde
       den iungen hellden zieren.
    mit sper vnd auch mit schilde
       tet er sich zu dem turnay so mofieren,
    da von des tags uil schillt sich gar zerkluben
    vnd das der sper drunzune
       zerrissen ob im in den lüfften vmb stuben.

48 Gaban, sein zuchte maister
       kund ins geleren wol.
    all sein gebott das laistt er.
       ir hercz zu samen waren trewen vol.
    sunst rüsten si sich zu dem turnay alle.
    von Karidol vnd Kurnibal,
       von Grahars manig ritter cham mit schalle.

49 Der turnay ward getaylet

45,6 burg *A B, aber vgl. Nyh.*   45,6 Kaucafas *A B.*
    469,1 Von Kaucasass pelestett   48,1 sein zuchtmaister *A.*
    dy berg von golde schwär *und*
    656,4 dy pirg von clarem golde
    Kaucazaz *sowie Pro. 196,27*
    alle gepürg von golde des ganczen
    landes Kaucasas.

von fürsten vnnd von frawen.
an manhait vngemaylet
    mocht man da menngen küenen ritter schawen.
do worcht her Wigelois mit frechem ellen.
ettlichen, dem es ee nye beschach,
    den kund sein lanntze von seim orse vellen.

50 Er drang dick durch den punnder,
        der jung vnd manhait vol.
    des nam dye werden wunnder,
        si iahen gar: ʼder preis zu rechte sol
    dem hellden Wigelois züe sein gemessen!
    zu seinen iungen iaren
        ist pesser ritter auf ors nicht mer gesessen.ʻ

51 Alls der turnay sich enndet
        vnd yeder fürst zu lanndt
    mit all den seinen wenndet,
        do kert Artus gen Karidol zu hanndt.
    er sagt den fürsten, er wollt aber nach eren
    siczen zer tauelrunde,
        da mit gesellschafft Wygelois auch meren.

52 Ditz was zer mayen zeitte,
        do mangclich freuden pflag.
    auf ainem annger weitte,
        der nach dort vor des küniges palas lag,
    do ward nach preis der eren stat besessen.
    wer ye her ranng nach wirden,
        des lob ward von den werden nicht vergessen.

49,5 frechen B.   51,7 dar mit B.
49,6 ee *fehlt* B.   52,4 darnach B.
49,7 lanntz AB.   52,4 königes B.
50,5 sein züe gemessen B.

III   Awentewr, wie ain magdt kcham an Artus hof für die
        gesellschafft vnd klagt den ir frawen kumer vnd
        Wigeloys gertte vrlabs zu streitten für der künigin
        not.

53   In der zeitt vnd si massen
        jens wierd vnd dises eer,
    alls si zer tauel sassen,
        so *rait* ain maget übers veld dort her.
    hin zu dem ring si zu den werden wannde.
    man spurt an ir geraitte,
        das ir herschafft da haim wielt weiter lannde.

54   Die zart vnd wanndels freye
        erpaisset schnell zer erden.
    mit schöner karthoseye,
        so ward si gesaluieret von den werden.
    ein zwerg hüeb an in hohem don ze singen
    ein lied in newer weyse,
        so das es tet in oren frölich clingen.

55   Do ditz nün het ein ennde,
        do kert si zu der schar.
    mit zucht vielt si ir hennde
        für Artus hin vnd sprach: 'mein frawe clar
    enpewt ew dienst (ob ichs zu dewt solt sagen,
    so müest ich han mer wicze)
        vnd hofft, si törfft auch dort dest mynner clagen.

56   Si pewt euch grües mit trewen,

III,3 vrlaub *B*.   54,5 hochem *B*.
53,2 wird *B*.   54,7 fröleich *B*.
53,4 reit *AB*.   55,1 So ditz nun *B*.
54,3 kurthoseye *B*.   55,2 kert die *B*.
54,4 gesaluiert *B*.

gar all der masseney,
das si sich lassen rewen,
   was kumers won dort ir mit nöten bey.
ain awentewr zerholen ist uil hertte.
wer seinen preis well meren,
   der sey zu diser frayse mein geferte!

57 Zu Karotin man werben
      müeß nach der awentewr.
    o got, da thüet et sterben
    durch seinen preis / uil manig ritter gehewr!   [f. 76v A]
    des ist mein fraw nun hilffe gar verlassen
    von der wissennden fraise.
       des ligt mit all gar öd des reiches strassen.

58 Des ward uil ser gewundert.
      zu hannd vom tische sprungen
    ritter noch mer dann hundert.
       nach vrlaub si für künig Artus drungen.
    doch kam Wygoleys vor den annderen allen.
    er sprach: 'hört, edler künig reich,
       ich pitt, lat mir die gnad von euch geuallen,

59 Durch das man von euch saget,
      das ir pet nyembt entwert,
    lastt mich mit diser maget!
       des vrlaubs mein gierd inneclichen gert.'
    der rais der künig in gern hiet erwenndet.
    er sprach: 'erlaubt mir, herr, di fart,
       so hat sich all mein not mit lieb verendet.'

57,3 thüet *A*, thût *B*, *vielleicht* thet.   58,4 urlab *B*.
57,5 nw hilffe gar erlassen *B*.   59,4 urlabs *B*.
57,7 ligt mir gar öd *B*.   59,5 geren *B*.

16

60 Der künig nicht uersagen
        im mocht sein gierlich pet.
    ditz tett die maget clagen,
        wann si zu im uil lützel trostes het.
    si vorcht, sein freche iugent in wollt verlaitten.
    waynend an vrlab si dannen schied,
        vor laid des ritters wollt si durch nicht erpaiten.

61 Wigelois hieß im pringen
        schillt, wappen vnd sein sper.
    er trawt, im sollt gelingen.
        verwappent rait er nach der maget her.
    das twerg sach in vastt eylent nach in reyten.
    es sprach: 'hie chumpt der ritter:
        fraw, reitt gemach, lat vns des hellden peiten!'

62 Do sprach dy magt aus zoren:
        'waffen, das ich mein rais
    so gar sol han verloren!
        ain ritter ich bey der gesellschafft wais,
    den hat man dick her Gaban mir genennet.
    wer gesellschafft gibt zer tauelrund,
        so ward doch tewrer ritter nye erkennet.

63 Der wär mit mir geritten,
        ob diser tersche man
    gelan hiet dortt sein pitten.
        sunst kum ich haim gar alles trostes an.'
    das twerglein sprach:'wer wayß, es möcht geuallen
    die awentewr zü Korentin
        dem hellden vor den annderen ritteren allen!'

61,5 nach ir *AB, aber vgl. Pro.   62,7 tewr *AB, aber vgl. Pro. 198,16*
     198,12* nach in.   dz nie kein teüerer ritter wur-
61,6 er *AB.*   de.
61,7 reit *A.*   63,6 die die *(Seitenwechsel) B.*

64 In dem kumpt dar geritten
   der küen her Wigoleys.
   mit zuchtpärdigen sitten
      grüst er di magt, der ritter uil kurteys.
   er pat, das si mit willen im das gunde:
   zu reitten mit ir in das lanndt,
      do er zu Korotin die fraise funde.

65 Die maget sprach: 'war ir reytet,
      das wig ich hares clain,
   oder ob ir icht hie peitet.
      die straß ist euch alls annder diet gemain.
   doch das der rais ir mir nicht seit gesellet!
   reittet, war euch der wille trag:
      so reit auch ich, war mir die straß geuellet.'

66 'Nicht, fraw, durch ewer ere!'
      so redt das twerg zu ir.
   'es frumbt an wierd euch sere,
      das ir erlaubet disem ritter zir
   der rais mit euch.' es pat pis an die stunde,
   das im die maget disen tag
      mit ir zu reiten vnnd nicht lennger gunnde.

IV Awentewr, wie her Wigeloys ainen ritter vor seinem schloß
    erstach vnd *wie er die selben nacht ain* junckfrawen von
    zwayen risen erlost, *wie si wider zu Karidol gefüert ward
    vnd wie er ainem haiden ain präcklein angewan mit streit.*

64,2 Wigeloys *A*.   66,2 zwerg *B*.
64,4 kurtois *A*.   66,4 zier *A*.
64,5 des gunnde *B*.   66,6 magt *A B*.
65,1 magt sprach was ir *B*.   IV,2ff wie er *bis* nacht *fehlt A*, zwo
65,2 hare *A*.   junckfrawen von ainem risen
66,1 ewr *A B*.   *A*, wie si *bis* streit *fehlt A*.

67 Er vieng an mennger hannde
     zu kurtzweil diser magt,
  wie ers betrachten kannde.
     uil geschicht vnd tagaldi des tags er sagt.
     zu abent gen ainr purg si teten keren.
     Wigelois sprach: 'ich reite für,
       ob man heint vnns gemaches hie well weren.'

68 Dy magt sprach: 'diser wiertte,
     der pfligt gar frömder sitten.
  wir sein gemachs verirrte.
     wer durch gemach chumpt zu der purg geriten,
     der müeß hie disen wiert ainr thioste weren:
     vellt in der wiert, so müeß der gast
       zu füeß vnd ploz schaiden dann mit vneren.

69 Ob aber aim gelunge
     an im mit ritterschafft,
  so güete hanndelunge
     fund nyemant annderswo mit über crafft.'
     mit dem der wiert verwappent kam geriten.
     Wigeloys seinen helm auch panndt.
       do ward ain reiche thiost nit vermiten.

70 Wigeloys hurticleiche
     auf sein gestreitten ranndt,
  das der wiert ellensreiche
     vom orse viel tod nider auf *das* lanndt.
     in der purg hort man clag von mann vnd weyben,

68,5 ain *AB, aber vgl. Pro. 198,40*   69,5 wirt *B.*
    der müß den wirt vor einer   70,2 gestritten *B.*
    thyost geweren.   70,3 wirtt *B.*
68,6 wirt *B.*   70,4 das *fehlt AB.*

so das die werd geselleschafft
    mit füeg die nacht aldo nicht mocht beleiben.

71 Hin chertens fŭr sich pallde
        die strassen allʒ et ee,
    zu ainem grossen wallde.
        der ritter hort ain stimm, dj laut erschree.
    er sprach: 'mag, fraw, es sein mit ewerm willen,
    mit ewer vrlab reit ich dar,
        lüeg, ob ich mŭg die nott all dortt gestillen.'

72 Si sprach: 'zwar, ich enrüeche,
        reitt nahen oder ferr.
    ir bẹdŭrffet chainer süeche
        nach laub gen mir.' mit zŭchten sprach der herr:
    'ich flech, ewr wille well es mir verhenngen.'
    do ẹrlaubtz im do di raine.
        do tett er da nach der stimm frölich sprenngen.

73 Do sach er auf ainr wisen
        ain wunecliche magt,
    da bey zwen starcke risen,
        das die uil schön on masse sere clagt.
    si woltens han mägtlicher keusch beraubet.
    'nu enwelle got, das diß beschech!'
        dacht Wigeloys. den helm er pannd zü haubet.

70,6 gesellschafft *AB*.
71,2 all *AB*.
71,5 fraw mag es *B*.
71,5 ewrm *AB*.
71,6 ewr *AB*.
71,6 vrlaub *B*.
72,4 urlab *B*.
72,5 ewer *B*.

72,7 do tet er do *B*.
72,7 ersprenngen *B*.
73,4 an masse *B*.
73,5 berăbet *A*, berabet *B*.
73,6 nun welle *AB*, *aber vgl. Pro.*
    199,19 dz enwŏlle got.
73,7 hăbet *A*, habet *B*.

74 Er rait gar sunnder schrecken
  auf die risen mit kraft.
  tod stach er auf dem flecken
    den ainen. allzuhant zuckt er den schafft
  vnd stach dem annderen auch zu verch ain wunden.
  mit seinem schwertt er in betzwanng,
    das er viantz im pot do an den stunnden.

75 Er pot, das er zu hause
  hin füert dy maget clar
  dem edelen kŭnig Artause
    vnd im saget vnd all der werden schar
  sein dienst vnd sicherhait dem kŭnig veriähe.
  nw was das twerg geslichen nach,
    vmb das es sein gevertt mit all ersähe.

76 Es cham schier zu der maget,
    der es mit alle sait,
  wie der gar vnuerczaget
    so manlichen mit den risen *strait*.
  der maget tett ock ab seinr iugent grawen:
  das ir fraw wurd von im erlost,
    des het si doch in kainen weys getrawen.

77 In dem her gienng der morgen.   [f. 77r A]
    da wollt si sich verholen,
  haimlichen vnnd verporgen
    von dem ritter hin wegk do han verstolen.
  sunst rait si weg. ditz tett dem twerg uil zoren.

74,3 auf den flecken *AB*.   76,1 Er cham *AB*.
75,5 könig veriehe *B*.   76,2 der er *AB*.
75,6 nun *B*.   76,4 do *hinter* risen *s.l. A*.
75,6 geschlichen *B*.   76,7 das het *AB*.
75,7 ersehe *B*.   77,5 zorn *AB*.

do Wigeloys das mär vernam,
    do eylt ir nach gar schnell der hochgeboren.

78   Das zwerglein sprach zer maget:
    'secht ir den ritter heren,
der vnns uil schnell nachiaget?
    es möcht hernach gefrummen euch an eren,
ob ir des hiet am morgen hewt erpiten!
westt er an im nicht mannes müet,
    er wär nach diser frais nicht ausgeriten.'

79   Mit dem cham zu in paiden
    der ritter dar geritten.
ain präcklein auf der haiden
    do lof vor in. di magt nach weybes sitten
verlanng*t* ser nach dem schönen hŭntlein claine.
zu hanndt *erp*aist her Wigeloys,
    viengs vnd prachtz dar der claren maget raine.

80   Zu hanndt pat er dy heren,
    das si im gund, fŭrbas
den weg mit ir zu keren.
    was ers gepat, si hetz et grossen has.
durch pet si im der raise mit ir gunde.
so kumpt ain herr geriten her,
    der sprach: 'sagt, fraw, wer gab euch hie den hunde?

81   Den gebet von euch pallde!'
    do sprach her Wigeleys:

79,5 verlanng *AB, aber vgl. Poy.*
    284,6 wann in des verlanngte,
    ferner Per. 176,6 dy magt ver-
    lanngen darnach began *und*
    Nyh. 288,4 der hertz nye wann
    nach eren gunnd verlanngen.

79,5 huntlein uil claine *B.*
79,6 er paist *A.*
81,1 gebt *B.*

'wer in nymbt mit gewallde,
>der mag daran wol haben seinen preis.
der hunt ist ewer nicht, alls mich bedunncket.
wer in mir nymbt mit ritterschafft,
>des helem möcht werden mit flammen vor pfunncket.'

82 Eylent rait er zu wallde,
>verwappend sich uil gach
vnd kam her wider pallde.
>durch streit rait er her der gesellschafft nach,
sein zimierd glanntz, er selber müettes reiche.
her Wigeloys berait auch sich.
>do ward geriten die thiost hurticleiche.

83 Tod er zer erden vallte
>den wunnder küenen haiden.
do er den preis beczalte.
>Wigelois dann rait mit sein geferten paiden.
si kamen in ain forecht bey ainr awen.
da sahens gen in reiten
>mit clage groß ain wunnder clare frawen.

84 Der ritter vrlaubs gertte,
>dortt fragen diser mär,
wer ir laid hiet gemertte,
>wann es et was seim hertzen harte swär.
si sprach: 'ir mügt reytten alder es lassen:
ir keret, war ir wellet,
>so reit ich auch die richt für mich mein strassen.'

81,5 ewr *AB*.
81,7 hellm *B*.
81,7 pefunncket *B*.
82,2 verwappent *B*.
82,5 selbes müttes *B*.

84,1 vrlabs *B*.
84,2 mer *A*.
84,4 harte *fehlt B*.
84,4 swer *A*, schwär *B*.
84,7 reitt auch ich *B*.

V

Awentewr, wie hern Wigelois ain klagende magdt in
ainem walld pekam, mit der si zu ainem gezellt ritten,
vnnd wie si ir schwär klagt.

85 Durch pett si ims doch gunde.
    sunst rait er zu der rainen.
er grüest si alls ers kunde
    vnd sprach: 'was dewt ewr innecliches wainen?
fraw, ewer clag mir gat an maß zu hertzen.
sagt mirs durch ewer tugent!
    was ob ich euch möcht lösen von dem schmertzen? '

86 Si sprach: 'got lon euch, herre,
    das euch mein not kan rewen
vmb meines kumers werre!
    got sol ergetzen euch der grossen trewen!
da mir der gwallt vnnd fräuel ist beschehen,
das torst et nyemant rechen,
    wie es hand ritter hundert wol gesehen.'

87 Im sagt die maget here
    anfang, mittel vnnd ortt.
er sprach: 'fraw, durch ewr ere,
    nun reittent zu meinr frawen, die haltet dortt,
bittet si mit euch züe den ewern keren!

V,1-3 *fehlt A.*
85,4 ewer *B.*
85,5 ewr *AB.*
85,6 ewr *AB.*
86,5 da mit *AB, aber vgl. Wirnt*
    2501 wan mir daz selbe leit
    geschach daz ez vil manic
    ritter sach *und Pro. Straßb.*
    der gewalt vnd freuel ist mir
    geschehen.

86,5 frauel *A.*
86,7 wol hundert *B.*
87,2 mitel *A.*
87,5 ewrn *A.*

ich ding euch, fraw, mit kampfe
 oder ich wil et schaiden mich von eren.'

88 Sunst raitt si züe der maget,
  pat si, mit ir zu reiten.
 zu ennd si ir auch saget,
  warnach der ritter durch si da woltte streitten.
 si sprach: 'der kŭnig von Irlannd vnns her sanndte
 ain sittich, sprechent was er wil,
  ain ors, das nyemant tewrers nye erkantte.

89 Im iar ainest besennden
  müeß man her magt vnd frawen
 im lannd an allen ennden,
  darnach pfligt man si alle gar beschawen.
 welliche tregt die clarhait ob in allen,
 der sittich in dem ghewß von gold,
  das schöne ors thüet ir ze miet geuallen.

90 Diß her vnns liget nahen.
  paid ritter vnd frawen gar,
 des preises si mir iahen.
  so chumpt ain ritter mit seinr amien dar,
 der nam das ors vnd was mir züe gebüeret.
 das sach dortt maniger ritter:
  durch sein manhait ers mit gwalt dannen füeret.'

91 Dar riten si all pallde,
  do manig reich getzelt
 lag vor dem grüenen wallde,

88,2 pat si mir zu *B*.   90,1 nahent *B*.
88,5 könig *B*.   90,4 ameyen *B*.
88,7 tewres *A*.   90,7 mit gwallt ers *B*.
89,5 welche *B*.

zerspannen warens her vnd da tzüe velt.
dy magt sprach: 'mein niftel pfligt hoches müetes,
des kůnigs tochter von Persia,
    auch ist si reichlich hie gar ires güettes.

92 Des enndes well wir keren
        durch rüe an den gemach.
    si kan wol frewnde eren.'
        do die gesellschafft si züe reitten sach,
    si fragt dj maget, wer diser ritter wäre.
    das ward nach frag ir gar mit all
        gesaget, das in muet ir kummer schwäre.

93 Do ward gros das entpfachen.
        do si dy kůnigin sach,
    dy gesellschafft si vmb vahen
        freuntlichen tett vnd füerts hin zue gemach.
    ein wasser man in schnelles dar nun trüege,
    do der helld nun entwappent ward,
        das er den eyser ram hin von im twüege.

94 Er sprach: 'fraw, wer mit gwalde
        euch ist hie rechtens wider,
    dar füerent mich all palde!
        ich behertz mit kampf oder mein preis ligt der nider.'
    hie mit die drew mit hennden sich beuiengen:
    der ritter vnd di maget zwo
        zue ienes ritters zellt si entsamen giengen.

91,4 ze vellt B.

92,5 were A.

92,7 das in s.l. 2. Hd. A.

92,7 schwere A.

93,4 hin fehlt B.

93,7 das AB, auch Pro. 205,10 das,
        aber 148,5, Poy. 104,3, Poy.
        336,7 und Iban 162,5 den.

93,7 eysen ram A.

94,1 gewallde B.

95 Do jener hellde früete
　　ritter vnnd maget ersach,
　auß frech vnnd hohem müete
　　hochuertigclich er zu Wigelois sprach:
　'was werbt ir hie mit disen claren baiden?
　gert ir icht frömder dinge,
　　des mŭgt ir mich alhie uil wol beschaiden.'

96 Do sprach der ellensreiche:
　　'das ich pin kumen her,
　nu wissend sicherleiche,
　　das mainet annders nicht, wann ewer eer.
　ir habt der magt mit gwalt ir gwin genumen.
　des lasters vnd auch schannden
　　mugt ir noch wol nach eren wider kummen.

97 Wollt irn in rawbes weyse　　　　　　　　　　[f. 77v A]
　　mit euch so füeren dan,
　das krencket ritters preise.'
　　des anntwurt im der ȳbermüete man:
　'ich wän, ir wellt predigens euch uerpflichten.
　ob ir tragt mŭniches orden,
　so haist zu velld ein gestüele euch auf richten!

98 Gand hin mit ewern frawen,
　　sagt, ir seit hie gewesen!'
　'so sollt ir mirs getrawen,
　　das ich zu veld ain predig euch wil lesen,
　das ir den ablas tragt mit laster hinnen.

95,3 hochem *B*.
95,4 zu Wigelois er *B*.
96,4 ewr *A*.
96,5 gewin *B*.
97,1 ir in rawbes *AB*.

97,3 krenckt *AB*.
98,1 ewern *AB, anders Pro. 200,11*
　　eürer.
98,5 das er in den *A*.

27

ich pewt euch kampf fůr dise magt:
　　morgen sol schilt vnd schwert von vnns erclingen.'

VI　*Awentewr, wie her Wigelois ainer magdt mit streitt von*
　　ainem ritter iren gewyn erstrait: ain pfärd vnd ainen
　　sitich.

99　Sunst ward von den zwain mannen
　　　der kampf in ain getragen.
　　her Wigelois sich dannen
　　　schied all zu hant. diß mär man pald ward sagen
　　in allem her. menichen des ser wunndert,
　　das sichs an nemen torst ye man,
　　　seit das er wär der manhait so gesundert.

100　Nun morgens so es taget
　　　vnd si baide meß vernumen,
　　die ritter vnuerczaget
　　　sach man verwappent wol zu vellde kumen.
　　auch was ain stüel gemacht ritteren vnd frawen,
　　das man zu allen ennden
　　　den kampf gar vnuerirret mocht an schawen.

101　Gezimiert harte schone
　　　komen si in den ringk
　　nach hohem preises lone.
　　　nun hört, wie ain thiost von in ergingk!
　　zway starcke sper raicht man in dar zu hannden.

98,7 swert *B*.　　　　　　　　100,7 vnuerirrt *B*.
VI,1-3 *fehlt A*.　　　　　　　101,1 schöne *A*.
100,1 nun morgen *AB*.　　　　101,4 nu *B*.
100,2 baider *AB*.　　　　　　 101,4 ergieng *A*.

den puneis si so riten,
  daruon si vor hennden in stuck verschwannden.

102 Zway schwert si gunden ziechen:
  do gieng es über die schilt.
kainer gert do zu fliechen.
  sunst tribens baide vmb auf dem geuilt.
vil ellenthaffter sleg si baide holten.
her Wigelois seinn chempffen schlüeg,
  das er vor im gestraucht lag in den molten.

103 Er ließ in allsus ligen,
  der ye was eren holt.
im was sein krafft ersigen,
  darumb er in fürbas nicht tzwingen wollt.
des grossen schlags erholt sich iener wider:
des luffens aber zam durch streit,
  wann sein preys lag im gar vnsannft dernider.

104 Do sach man fewer glesten
  ob helmen von den schwertten.
die ritter starck not vesten
  zu paider seit do hohes preises gerten.
den ritter rot den helld man allsus nende.
mit schlegen traib er Wigeloys
  über die pan bis zu des kraisses ennde.

105 Des sach man hennde winden
  die rainen frawen clar.

101,7 vor den hennden B.
102,3 fliehen B.
102,5 schlege B.
102,6 Wigoleis B.

102,6 chempffer AB und Pro. 200,28
  kempfer, aber Ulrichs übliches
  Wort ist chempfe.
104,1 fewr AB.
104,2 helm AB.
104,4 hoches B.

'got, laß in helff noch vinden!'
    diß wunscht im menger mund gar rosen var.
do Wigeloys der clag von in gewaret,
er sprach: 'werlicher helld, wer dich!
    ich hab mit streit dich alls bis her gesparet.'

106   Sein arem hoch erschwanger
    vnd traib den hellden werden
wider über den anger.
    mit ainem schlag vellt er in zu der erden.
er prach im ab helem vnd zimierd glantze.
des müest er zwungelichen
    her Wygeloysen geben sein viantze.

107   Er bot, das ers gedächte,
    pald vnd in kurtzen tagen
sein sicherhait hin prächte
    Artausen vnd im tät sein dienest sagen
vnd an verziechen sein rayse dar verenndet,
'vnd sprecht, der ritter mit dem rad
    hab euch alldar mit der viantz gesenndet.'

108   'Ich hiet geren erkennet.'
sprach der von Hanagaw,
'das ir euch, her, mir nennet.
    auf ewer gnad uil ver ich euchs getraw:
maniger ritter ein rad uilleicht auch füeret,
der mit manhait noch ellen
    dem ewern preis zu gleich doch nindert rüeret.'

105,3 winden *A*.   108,1 gern *AB*.
106,1 arm *AB*.   108,3 her mit *B*.
106,5 helm *AB*.   108,4 ewr *AB*.
107,4 dienst *AB*.   108,4 ichs euch *B*.
107,5 verziehen *B*.   108,7 ewrn *B*.

109 Er sprach: 'ich wils euch sagen
        durch ewern hohen preis.
      ob mans euch gert zu fragen:
        ich haiß mit meinem namen Wygeleis.
      zu Korotin wil ich zer awentewre.
      das ich die müeß erwerben,
        dar züe leich mir got seiner gnaden stewre!'

110 Ir gar neydliches hassen
        ward zu ainr süen gemacht.
      der magt tet er do lassen
        zu recht ir gwin. zu hant man irs dar pracht.
      seins sigs erfrewte sich dy diet gar alle.
      zu gmach er hin gefüeret ward
        von rittern vnd auch frawen mit lautem schalle.

111 Man bot im wierd vnd ere,
        auch sunst der maget rain.
      zu seiner dannen kere
        ward er mit seinen geferten über ain.
      auch wollt das volck nu morgen sich zerlassen:
      hie mit si raumbten ditz geuild
        vnd kerten hain, ain yeder man sein strassen.

112 Die magt in patt uil sere,
        durch die er facht den streit,
      das er mit ir die kere
        thät hain zu lannd. er sprach: 'nain, fraw, ich reit
      nach ainer frais, ob ich die mag erwerben:

109,2 hochen *B*.   111,4 seinem *AB*.
109,4 Wigoleys *B*.   111,5 nun *B*.
109,5 Krotin *B*.   111,6 das geuilld *B*.
109,7 seinr *B*.   111,7 haim *B*.
110,7 ritteren *B*.   112,4 haim *B*.

die awentewr ich süechen wil
oder ich wil des leibes drumb verderben.'

113 'Seit ir mir stet des abe,
zu ziechen in mein lanndt,
so nembt hin ewer habe,
die do erstriten hat ewr freche hanndt.'
er sprach: 'nain, fraw, es kan mir nicht gezemen.
füert den gewin mit euch zu lanndt!'
was ers gebat, si woltz et gar nicht nemen.

114 Er gab es seiner frawen,
das ors vnd ghews von gold.
noch het sis kain getrawen:
ir was et schwär, das er ye mit ir wollt.
ain czwerg uil clain auch zu dem ors gehorte.
das sagt in manger hannde mär,
da mit den tag es lannge weil in storte.

115 Sunst ritens mit ein annder
bis an den abent gar.
ain pauilun das vander,
darumb wol fünfczig spere nam er war.
er dacht et aber ritterschafft da vinden.
auf den güeten gedingen
wollt er seinr ferte dar hin nicht erwinden.

116 Alls der herr hortt das märe,
der dort wont vnterm zellt,
auf hüeb sich der erbäre

113,1 stett *A*.
113,2 ziehen *B*.
113,3 ewr *AB*.
113,4 ewer *B*.
113,6 gwyn *B*.

114,2 kewß *B*.
114,7 lanng *A*.
115,4 spere des nam er *B*.
116,3 hueb *A*.

vnd kam gen in geriten auf das vellt,
enpfieng den ritter vnd all sein conpaneye
vnd lüeds mit im zu hause.
    er was ain ritter manlich, der lasters freye.

117 Man schüeff gemach den pestten: [f. 78r A]
    mit willen in das geschach.
der wirt mit seinen gestten
    vil fröelich was. zu Wigeloys er sprach:
'ob ich des törst mit vrlaub an euch geren,
ich fraget euch gern märe,
    warhin ir mit der maget woltet keren.'

118 Wigeloys sprach: 'dy maget
    hört ich uor Artus clagen,
do si vnns allen saget,
    wer nach awentewer wolte iagen,
der möchts im lannd zu Korotin wol finden.
vmb den zwanck ir claren frawen
    thet ich mich diser frais dar underwinden.

119 Got well, das ich mein spere
    nach preyse dar verzer!'
do sprach der wiert uil here:
    'got sey, der vnns paide des willens ner!
vnnser zehen hannd lanng darnach geworben:
je ainer rait et in die not,
    pis meinr genossen newn sind dort erstorben.'

116,5 campaneye B.   118,4 awentewr AB.
116,7 vielleicht der zu streichen.   118,5 möchtz AB.
117,4 Wigoleys B.   118,7 darunnder vinnden B.
117,5 vrlab B.   119,3 wirt B.
117,5 gern A.   119,5 han lanng B.
117,6 geren B.   119,6 ainer reittet in AB.
117,6 mere A.   119,7 gnossen AB.
117,7 kern A.

Awentewr, wie dy zwen ritter stritten vmb die
abentewr zw holen vnd wie her Wigeloys gesigt.

120 'Seyd wir zu diser fraise
        paide den willen han,
    wie ain*n* wir vnns der raise? '
        so redt der wiertt. 'deucht euch das güet gethan,
    so lat das morgen zu velde *von* vnns baiden
    vmb dise awentewer
        ain*n* kampf mit sper vnd swerte vns beschaiden!

121 Herr, ich hab hie zwelff knaben,
        der sechs wil ich euch lan.
    sechs ors sollt ir auch haben.
        die sper sollt ir mit all auch halbe han.
    ich tail mit euch gleich schwert, helem vnd schilde.'
    sechs chnaben müesten im schweren da,
        das si mit trewen in prächten auf das geuilde.

122 Des anttwurtt an der stunde
        der iung held Wigoleis:
    'von ewerm süessen munde
        hab ich gehört, das ich wol ymmer preyß.
    wer ritters füer zu recht et wol erkennet,
    der hört an disem rate,
        das ewer lob in eren wirt erkennet.'

123 Nun loset her, fraw Mynne,
        vnd thüet mich ains beschaiden:

VII,1-2 *fehlt A*.   121,3 orsch *B*.
120,3 ain *AB*.   121,5 helm *AB*.
120,5 von *fehlt A*.   122,3 ewrm *AB*.
120,6 awentewr *AB*.   122,7 ewr *AB*.
120,7 ain *A*, ein *B*.   122,7 *vor* in *getilgt an A*.
120,7 schwertte *B*.

34

es wunder*t* meine synne,
    was ir hie maint mit disen hellden paiden.
die mynn ir baider hertz hat gar besessen,
das bey der mynn vnmynne
    si sich hand gen ein annder so gar ver*m*essen.

124 Wolt ir dy mynn sunst weren,
    des müest ir euch zwar schamen
vnnter disen zwain herren.
    die Mynne sprach: 'ey numerdumbe namen!
der torhait sach ich nye mer dein genosse.
was ich dich hön oder güetlich weis,
    so pist et du an witzen gar der plosse.

125 Gief, du hast doch vernumen
    von disen herren paiden,
warnach si sein aus kumen.
    wie möcht man nach eren dy hellden schaiden?
wel*i*cher tet der rais hie wider wennden,
fü̈r preis zu ainem laster
    zelt man im das mit red an allen ennden.'

126 Nw sey et wie im welle:
    solt ich dar sein geriten,
mich hiet leicht mein geselle
    erwenndet diser ferte vngestritten.
so was et disen anders uil ze müete.
di nacht si gar mit frewden war*e*n,
    man pflag ir wol mit wirtschafft harte güete.

123,3 wundernt *A*.   125,5 welcher *AB*.
123,7 vergessen *A*.   126,1 Nwn *B*.
125,1 vernomen *B*.   126,5 zu müete *B*.
125,4 mocht nach eren man *B*.   126,7 wiertschafft *B*.

35

127 Nu morgens alls es tagte
    vnd der ymmis beschach,
  dy zwen helld vnuerzagte
    verwappent man zu veld nu kumen sach.
  helem, zimierd von gstain die ferre glentzet.
  in wig vnd hertten streitten
    so ward ir preis noch lob vor nie entgentzet.

128 Die stoltzen ritter zieren
    zwai starcke sper da naigten.
  sunnder wanckes valieren
    si gen ein annder ellen gros erzaigten.
  zwai sper sich rissen in stucke hartte claine.
  man raicht ir yedem aber ains,
    zer annderen thiost warn si nicht saine.

129 Da wurden schnell ersprenget
    zway ors gen disem punder.
  des ward aber vermenget
    der luft mit drunzun vnd auch fewres zunder.
  sunst si die sper mit alle gar verswanden.
  zu iungst man in zway sper dar pracht,
    vnbeschniten, starck, die namens zu hannden.

130 Den punnder weit si namen
    durch thiost wider pringen.
  mit söllicher craft si kamen,
    da von in schillt vnd helem ward erclingen.
  dy thiost misseriet do an dem werden:

127,1 Nun *B*.
127,5 helm *AB*.
127,7 ergentzet *B*.
128,7 anndern *A*.
129,5 uerschwannden *B*.

130,3 solcher *B*.
130,4 helm *AB*.
130,5 mißriet *AB*, aber vgl. 9,7
        misse zemen *und* 212,6
        misselingt.

her Wigeloises kampfgenoß
    viel da von tod vom orse auf di erden.

131   Do er sunß het geworben,
      da von der küene man
am re nu lag erstorben,
      her Wigelois erpaiste auf dj pan.
'waffen, das man dein manhait sol suß schawen!
verflüechet sey mein preis alhie!
      von recht dich pillich clagen ritter vnd frawen.'

132   Er bot, man sollt den werden
      nu pald zu münster pringen,
bestäten schon zer erden,
      vigilien lesen vnd auch messe singen.
er urlaubt sich nu von der diet gemaine
vnd rait dj straß gen Korotin.
      aller erst veriach im do di maget raine.

133   Si sprach: 'hörtt, lieber herre:
      got sey mir ymmer ghas,
ob nahen oder ferre
      mit manhait mir geuiel ye ritter pas
dann ir vnd ewer preis der aus erkoren.
ich sorgt ye durch ewr iugent,
      ich hiet mein arbait et an euch verloren.'

134   Er sprach: 'sagt, raine frawe,
      mir von der awentewr!'
'o we, herr, diser grawe
      durch euch mein hertze prent mit iamers fewr,

131,6 verflücht *B*.
132,2 nun *B*.
132,5 nun *B*.
132,6 Karotin *B*.

133,2 gehas *B*.
133,5 ewr *AB*.
133,5 erkorn *A*.
133,7 verlorn *A*.

das ich euch dar von sagte lanng vnd ymmer.
was ritter darnach reittend,
    der sehen wir et fůrbas kainen nymmer.‘

VIII Abentewr, wie die junckfraw Wigoleisen sagt von der
      awentewr zu Korotin, auch wie si ins lannd chamen
      vnd zu hof entpfanngen wurden.

135 'Wie sich die not an fienge
         (das yetz ist zehen iar)
     vnnd wie diß alls ergienge?
         mein herr der was ain tewer ritter clar.
     ain valand het er an seim hof erzogen,
     den macht er gwaltes reiche.
         hört, wie mein herr von im seid ward betrogen!

136 Hört, werder ritter küene:
         sich füegte von geschicht,
     das in aim mayen grüene
         mein fraw zu Roymund sich het uerpflicht
     von Korotin mit ir tochter Lareyen,
     der schön sich nicht geleichet.
         o wol im, der die rainen sol ameyen!

137 Mein herr was sunnder sorgen   [f. 78v A]
         vor aller diet gemain.
     do kam an ainem morgen
         der vngetrewe mörder vil vnrain.
     ettlich seinr gnoß het er im aus gesundert.
     er kam ins schlos verwappent wol
         vnd mördt mein herren vnd ritter wol drey hundert.

VIII,2 auch wiez ins *B*.   137,7 vnd ermördt *AB, aber vgl.*
135,4 tewr *AB*.   *163,7.*
135,5 ainn *B*.   137,7 drew *B*.
136,2 fuegte *A*.

138 Roas von Glois gehaissen
      ist der wicht gar verwassen.
    in aller lannde kraissen
      thüet man in vmb diß grosse mordt ser hassen.
    so ist er so gelert von zauber listten,
    das er vor aller feinde lag
      sich kan vnd auch sein leben wol gefristten.

139 Sunst ligt ditz lannd ganntz öde.
      all pew drin gar uerderbet
    hat der mörder uil schnöde.
      drumb ist uil manig ritter küen ersterbet.
    das laid vnd laster ist vnns gar allen schwäre.
    was ir reit zu der fraise,
      ir kainr zu lannd pringt nymmer mer das märe.

140 Ain wurem harte schone
      all abent kumpt geslichen,
    der tregt ain reiche krone,
      sein varb zu sehen den augen gar lustlichen,
    der nymbt zu Korotin wider dy kere.
    dem volgen gar di helden,
      der wier et dar nach sehen kainen mere.

141 Wer diß lannd möcht gewynnen,
      dem gäb man in sein hannd
    Larey dy küniginnen,
      darzüe wurd er auch herr gar in dem lanndt.
    wol im, dem die solt werden dann zu taile!

138,4 groß mord *B*.   140,4 lustleichen *B*.
139,2 all pew drumb gar *B*.   140,7 wir *B*.
140,1 wurm *A B*.   141,2 geb *A B, aber vgl. Pro. 204,18*
140,2 geschlichen *B*.   gåb.

er selb vnd all sein mage
möchten dann ymmer sagen wol von hayle.'

142 In dem kamens so nahen,
dass Korotin das lanndt
vnd das schlos Roymund sahen.
do gwarte man ir ab dem schloß zu hanndt.
der truchseß in dem schloß wappent sich schiere:
durch thiost rait er aus zu veld,
an der gläui füert er ain reich paniere.

143 Her Wigeloys zer maget
sprach: 'was maint diser ritter? '
si iach: 'der vnuerzaget
ist *truchseß* hie. seinr kunft*e* ich erzitter.
ob er euch meidt, für war so lat in reitten!
seinr sterck vnd manhait ist so uil,
das nyemant disem held kan gleich gestreiten.'

144 Her Wigelois mit namen
tet zu der maget iehen:
'er vellt mich auf den samen
oder im möcht das selb von mir beschehen,
ja ob er hie der thiost gen mir geret.'
mit dem den helem er auf pandt,
da der ritter durch thiost gen im keret.

145 Dy ors mit scharffen sporen

142,2 das Korotin *AB.*
142,3 vnd *fehlt A.*
142,7 fuert *A.*
143,2 mainet *B.*

143,4 marschalck *AB, aber vgl.*
142,5, 146,6, Wirnt 3927
und Pro. 204,35 truchseß.
143,4 kunft *A.*
144,6 helm *AB.*

zun seitten wurden ge*numm*en.

dy hellden wol geboren

    mit söllichen chrefften gen ein annder kummen:

der sper druntzun sich wunden in den lǔfften.

ain*s* solchen reichen punders

    mǔgen mein mag von mir sich nymer gǔften.

146   Herrn Wigelois genumen

      der zaum ward all zu hand.

   er sprach: 'herr, wilikumen

      seit got vnd mir all her in dise lant!'

   die maget er auch sunder schon entpfienge.

   si sagt dem truchsäß gar mit all,

      wie es auf irer rais biß dar ergienge.

147   Zu hof entsambt si riten.

      do mocht man reichait schawen.

   nach chǔnigclichem siten

      saluierten in baid ritter vnd auch frawen.

   fraw Laria in engels weys gegangen

   cham gen ir claren gaste.

      der ward nach kus mit armen planck umbfangen.

148   Er danckt aus süessem munde

      dem miniclichen weib.

   er ward gefüert an stunde

      so, das entwappent ward sein clarer leib.

   den eyser ram zu handt er von im twüege.

   man pracht leinwat nach schne geuar,

      pliat vnd pfell von reichait hart genüege.

145,2 gewunnen *A*.

145,4 kamen *B*.

145,5 dy sper *AB, aber vgl. 16,4 und*
     47,6 der sper drunzune sowie
     *Pro. 204,42 der sperre try*mmer.

145,5 druntzen *B*.

145,6 ain solchen *AB, vgl. 2,4 fehler-*
     haftes ain tails.

146,6 trugsäß *B*.

148,6 leinbat *B*.

149 Aufs palas man in holte,
     baid ritter vnd auch frawen,
   als das Laria wolte.
     den küenen gert do meniclich ze schawen.
   von seiner vert het die weyl in di maget,
   vom ors, sitich vnd annderm streit
     mit alle gar auf dem palas gesaget.

150 Do pflag man grosser wunnen
     seinr freudenreichen kunft.
   si wunschten, das im gunnen
     got wollt zer abentewr der sigenunft.
   mit der künigin man in zu tische füerte.
   das si im trüegen holdes hertz,
     an ir gepär er das da uil wol spurte.

151 Diß werdt, bis das man solde
     zu nacht hin schlaffen gan.
   do nam der eren holde
     vrlab zer chüniginne wol getan,
   darnach auch zu der werden messeneye.
   man füert zer kemenaten in.
     durch ein venster sach aus der wandels freye.

152 Er sach, das in dem lannde
     ein helles fewer pran.
   do fragt der sunnder schannde,
     ob von vrleug dises do möcht ergan.

149,4 mengclich *B*.   150,5 man zu tisch in *B*.
149,6 orsch *B*.   151,4 vrlaub *B*.
149,6 annderem *B*.   151,4 chünigin *A*, küniginne *B*.
150,1 wunne *B*.   152,2 fewr *AB*.
150,3 gunne *B*.   152,4 do mocht ergan *A*, möcht do
150,4 sigenuft *B*.   ergan *B*.

'herr, es ist, da der kŭnig starb vnd dy seinen:
gleich des enndes ist Korotin.
    das fewr sech wir et alle nacht so scheinen.'

153 Der held sich legte schlaffen,
        auch sunst dy ritter gar.
    do kam der Mynne waffen:
        Venus dy schos da iren zundel dar.
    Wigelois vnd dj clare chŭniginne
    dy nacht uil dicke wachten.
        ditz schüef an in et dj uil strenge mynne.

IX   Awentewr, wie her Wigeloys nach ainem schönen wurbm
    rait in das lanndt zw Korentin, auch wie er sich vor
    vrlabt von der schönen kŭnigin Laria, *wie sich der wurbm*
    wandellt vor dem schloß zu ainem schönen mann, der
    im vil sagt von der awentewr.

154 Nun morgens da es tagte,
        dy sunn erprehen ward,
    auf stüend der vnuerzagte,
        verwappent sich zu seiner dannen vard.
    ein meß dem fronen geist schon ward gesungen:
    der priester in segent gen der not.
    zu mŭnster durch sehen ward er da uil gedrungen.

155 Zu hof er ward gelaitet,
        der ritter tugenthafft.
    die kŭnigin im beraitet.
        ain prott, das het von wurtzen michel krafft.

IX,3 vrlaubt *B*.   154,1 do *B*.
IX,3ff wie sich *bis* awentewr *fehlt*   154,4 seinr *A*.
      A.   154,4 vart *B*.

hie mit den ymmis man zu tisch nun trüege.
alls der nu ward volenndet,
   zu seiner verte gacht der held gefüege.

156 In der zeit was nu kumen   [f. 79r A]
    der wurem für das tor.
da er das het vernumen,
    zer künigin der held sich vrlaubt vor.
der ward mit armen miniclich vmbfannen,
rot süessen mund die clar im bot,
    vil trähen ir lagen auf rubin roten wangen.

157 Zu all der messenneye
    vrlaubt er sich uil drot.
auf saß der wandels freye.
    sunst stapft er hin frölichen zu *der* not.
manichen segen wunschten im man vnd frawen.
dy künigin sprach: ʼgot wallt seinr vart,
    das ich in müg mit freuden dick noch schawen!ʻ

158 Der wurem vmbe kerte,
    straich widerumb zu wald.
alls ins die strassen lerte,
    nach im rait der gar küene ritter pald,
bis das der nachte trüebe sich an fienge.
doch strichens ein weg vnlannge,
    biß das der man in vollem schein auf gienge.

159 Er sach ein purg erpawen
    vor im zu fleisse wol,
    dy er mocht gern anschawen,

155,6 alls er *B*.   157,4 der *s.l. A, fehlt B*.
156,2 wurm *AB*.   157,5 manigen *B*.
157,2 dratt *B*.   158,1 wurbm *AB*.

wann tŭrn vnd ergker was dj mauer vol,
die gräben tief gefüetert aus fŭr ware.
wer si mit leger varte,
    fŭr kŭniges her gäbens nicht vmb ain hare.

160 Dar vor so thet er finden
    ainn wunnder schönen annger,
  dar auf ain praite linden.
    das gras mit mangen plüemen do was schwanger.
  dar auf so gieng der wurm von gstallt der willde.
  alls er cham zu dem pawme,
    do ward sein gstallt verkert in mennschlich pillde.

161 Der trüeg von gold ein krone,
    die glenczt von stainen clar.
  do sprach der wol getone:
    'got selb der nem hie deiner raise war!
  dem soltu, darnach mir, sein *wili*kumen!
  deinr fŭrgenomen fraise
    pitt ich, das dir erdeich die gar zu frumen.'

162 Im dannckt der helld geheret
    vnd iach: 'herr, ich hab wunnder,
  das ir euch suß vercheret
    habt, das ist mir ein frewde groß besunnder.'
  er sprach: 'ich vnderschaid dich meiner vertte
  vnd annder meinr genossen,
    wie mein weicz ist gar strennge vnnd auch hertte.

163 Ich was hie lanndes herre,
    mein gwalt nam weitten strich

159,4 maur *AB*.
159,7 gabens *A*.
160,2 ain *B*.

161,5 willig kumen *A*, *vgl. 146,3*
      wilikumen *AB, aber auch Poy.*
     333,4 willig kumen.
162,7 strenng *B*.

baid nahen vnde ferre,

    bis got verhenngt v̆ber mich sein gerich:
Roas von Glois, dem mein will was stätt newe,
dem riet sein valsches hertze,
    das er mich mort haimlich, der vngetrewe,

164 Dar züe alls mein gesinde,
    das dy zeit bey mir was.
mein frawe mit ir kinde
    zw Roymund wandt. diß macht, das si genaß,
Laria, durch die ir der raise geret.
ich ding zu gotes helffe,
    das ir der werdt mit willen schon geweret,

165 Seyd ewer clare iugent
    allzeit nach eren strebt.
ewch erbt wol an groß tugent
    von ewerm vater Gaban, der ye lebt,
das man sein nam zum höchsten thüet gar messen
zu Karidol zer tafelrund:
    so hat sein preis die höchsten stat besessen.'

166 Do sprach der degen here:
    'vil lieber herr, sagt an
von meinem vater mere,
    seyd ich des werden kain kunde nye gewan.'
er iach: 'es ist, der dort bey Artus pfliget
des hofes er mit alle
    vnd der sein zeit ye valsch hat an gesiget.'

164,3 fraw *B*.
164,4 wondt *B, auch Pro. 207,10*
    zů Roymund wonetten.
164,5 der *s.l. B*.

164,5 gert *B*.
165,1 ewr *AB*.
165,4 ewrm *AB*.

46

167 Er zaigt im, an aim ennde
         wurd er ain gläuy finnden
     bey ainer staines wennde,
         da mit er wurd ain wurem v̆berwinden.
     'dem gsigt ir an mit nöten vnd hart kaume.'
     fǔr stanck vnd arge giffte
         raicht er ain plüed dem hellden von dem pawme.

168 Do sach er her chroyeren
         drewhundert ritter schwartz
     mit gläuy vnd panieren,
         alls ob si wären bestrichen ganntz mit hartz.
     ir kreye was nicht wann wee vnd cläglich achen.
     do dacht der hellde iunge:
         'do müeß et aber ain thiost von mir erkrachen.'

169 Sein punnder in ward gesenndet,
         da uon die gleyn im pran.
     zu hannd er wider wenndet
         auf den annger zu dem gar schönen man
     vnd fragt in, was die ritterschafft möcht wesen.
     er iach: 'es ist gar mein gesind,
         dy mordes bey mir waren vngenesen.

170 Pitt got fǔr vnns mit vleisse,
         das sich wenndt vnnser not,
     dy pein vnnd vnnser weysse!
         der fǔr vnns laid am fronen crewtz den tod,
     dem alle helff stet gar zu seiner hennde,

167,1 an ain ennde *AB.*
167,4 wurm *A,* wurbm *B.*
168,3 glauy *A.*
168,4 bestrichen gar *B.*
168,6 docht *A.*

169,2 die gläuy *B; einsilbiges* gleyn
     im Wig. nur hier, aber vgl. Sei.
     276,1 pl. glenen *im Reim auf*
     zenen.

des parmung vnns genadet hat,
so das vnnser not heint nympt gar ein ennde.'

171 Aber redt do der weyse
vnnd wunnder schöne man:
'hye ist mein paradeyse.
wie ichs uerdient, wil ich dich wissen lan:
alle dy tag, dy weil ich was im leben,
mit meiner aigen hennde
tet ich almüesen auf disem plan hie geben.

172 Got laß genad dich finden
(ich mag nicht pleiben lannger),
das du tüest überwinden
mit all dein not!' hie mit er ab dem annger
hin gieng in aines *willden* wurmes siten.
da waren all sein gnossen
durch dy porten vor im ins schlos geriten.

173 Der wurem vngehewer
pließ an der maure zinnen.
da von in hellem fewer
purgk vnd thürn mit alle wurden prinnen.
ditz liecht sahens zu Roymund stet mit glantze.
zur nacht verpran es alles gar,
morgens erpawen stüend es wider ganntze.

174 Dye gläuy er zu hannde
süecht in des staines hol,
die er uil schnelles vannde,

170,6 parnung *B*.   173,1 wurm vngehewr *A B*.
172,2 peleiben *B*.   173,3 fewr *A B*.
172,2 lannger *aus* lennger *A*.   173,6 zer *B*.
172,5 hin gieng, *dahinter i.m.* -e do,
      willden *fehlt A*.

48

die im seyd zu nöten bekam uil wol.

er sach dem fewrẹ ein weyle züe mit vleisse.

do kamen aus den flammen

    ain schar von taubẹn geflogẹn nach schne gantz weisse.

X   Awentewr, wie her Wigelois ain klagende frawen auf ainer
    wisen vannd: der wurm Pheton het iren man selb *dritten*
    weg getragen, *wie er im nach eylt vnnd im mit nötten*
    angesigt, wie in der wurm ainen perg ab schlüeg, auch
    wie er von der gräfinn gesüecht vnnd gefunnden ward.

175 Wigelois der gehewre   [f. 79v A]

    saß auf sein ors zu hannt.

hin nach der awentewre

    er gachte ser. sunst rait er durch das lanndt.

zu abent cham er auf ain wisen grüene.

do fannd er aine frawen,

    die clagt an maß. züe der rait der uil küene.

176 Vor iamer groß zerflerret

    het si ir pennde gar,

ir har auch aus gezerret.

    her Wigeloys sprach zue der frawen clar:

'nicht pardt allsus, sagt mir ewr kumer schwäre!

ich wennd ewr clag, ia wie ich mag,

    ob ir, fraw, mir veriehet diser märe.'

174,5 fewr *B.*

X,2   selb vierden *AB, übereinstim-*
     mend mit Wirnt 4958 er truoc
     in selbe vierden hin, *aber im*
     Widerspruch zu 177,7 und
     190,7, wo Pro. 208,30 vnd
     sünst küner ritter drey *und*
     Pro. 210,26 die drey todten
     ritter *jeweils abweicht.*

X,3ff wie er *bis* gefunnden ward
      fehlt A.

175,3 der *korr. zu* zer *A.*

176,5 klagt mir *A, aber vgl. Pro.*
      208,23 sagt.

176,7 dise märe *B.*

177 'O got, das ich verderben
    nicht von dem iamer mag
vnd doch yetz mües ersterben
    mein ameis! o wee disem iamers tag!
wir ritten paissen her auf dise grüene:
des kam der wurem Pheton her,
    nam mir mein ameis vnd sunst zwen ritter küene.

178 Er tregts dort hin zu wallde.
    o wee mir diser not!'
er sprach: 'dar weist mich pallde,
    ee das die held von im geligen tot!'
si sprach: 'nain, herr, erwenndet ewer raise!
es hulff et mich nicht hares gros
    vnd ir müest kumen auch zu diser fraise.'

179 Sein helm er pand zue haubte,
    der wunder küene degen.
zer frawen er sich vrlaubte.
    er rait dahin. got sol zer fert sein pflegen!
er hort vor im die pewm uil laut erkrachen.
do kam er auf des wurmes spor
    thet er sich schnelles dar des enndes machen.

180 Er sach des wurmes scheucze
    vnd sein aislichen plick.
mit dem heiligen crewtze
    vor disem wunder segnet er sich dick,
das got auf erden ye kain createwre

177,6 wurm *AB*.   178,5 ewr *AB*.
177,7 *in dieser von AB einhellig über-* 179,4 rait *AB, vielleicht* reitt?
       lieferten Fassung hat der Vers   180,1 scheicze *A*.
       zweisilbigen Auftakt; vielleicht 180,3 heyling *A*.
       ist mir *zu streichen.*   180,4 von disem *AB*.
178,4 todt *A*.

50

so fraissam ye ließ werden
alls diser wurem starck vnnd vngehewre.

181 Die ritter er vmb wunnden
het drifach mit seim schwanntz.
Wigelois an den stunnden
naigt gen dem wurem sein uil scharffe lantz.
kain waffen mocht in sunst mit nicht verschneyden.
aller wer acht er hares groß,
ob man auf in geworffen het mit pleiden.

182 Das ors mit scharffen sporen
zun seiten er ermandt.
dar ranndt der aus erkoren
dy gläuy in den wurm bis an dy hanndt.
da von er ließ ain schray mit sölchem gelsen,
das dj pewm gar erwagten
vnd sam zerreissen wolten perg vnd velsen.

183 Den schwanntz er do erstrackte
vnd ließ dy ritter uallen.
den rüessel vmb er rackte
vnd tet do mit den zenen laut erschnallen.
Wigelois het sich gnüeg allda ze fristen
vnnter den starcken pewmen,
sust müest er im alls streiten vor mit listten.

184 Sein schwert erklang uil dicke
von schlegen auf dem wurm.
da von die fewers plicke

180,7 wurm *AB*.
181,2 seinem *B*.
181,4 wurm *AB*.
182,6 erwagen *A, aber vgl. Pro.
209,33* erwagten.

182,7 zu reissen *B*.
184,2 slegen *B*.
184,3 fewrs *A*.

51

erglesten. sust ward da uil hertt ir sturm.
nicht hares gros tet es auf im erhefften.
in dem er graiff nach seinem sper
    vnd zuckts auß dem wurem wider mit krefften.

185 Der küen vnd ellens reiche,
    der jung vnd starcke man
stach dar uil degenleiche
    den wurem voren zu dem drossen an.
der wurm sein schwanntz mit krafft tett gen im schwingen:
er schlüeg den ritter ein vellsen ab,
    dem gleich wie man den stain wirfft aus der schlingen.

186 Gleich bey ains sees stade,
    so lag da sunnder witz
der ritter mit dem rade.
    fraw Awentewr, das sind et ewer licz!
ir gund ock nyemand frids oder gemache.
secht, wie ligt ewer dienestman
    vnkrefftig hie baid witz vnnd seiner sprache!

187 Seinr kreffte gar ersigen
    laß wier den küenen man
ein claine weyl hie ligen
    vnd sagen, wies gieng der frawen wol gethan.
dye gert zu leben an ir ameis nicht lennger.
si kert auch nach zu wallde,
    do gegent ir jr ameis mit not uil strennger.

184,5 tet er *B*.
184,7 wurm *AB*.
185,4 wurm vorn *A*, wurm vor
    zorn *B, aber vgl. Pro. 210,2*
    wurm vornen.
185,5 wurbm *A*.
186,4 ewr *AB*.

186,6 ewr dienstman *A*, ewr dinst-
    man *B*.
186,7 bitz *A*.
187,2 wir *B*.
187,3 cleine *A*.
187,5 des gert *B*.

188 Do er vnkrefftig ginge
     gen diser frawen clar,
  mit armen si̞ in vmb vinge,
     jn kustt uil dick ir mǔndlein rosenvar.
  'o wol mich, das ich euch hab lebend funnden!
  nu sagt mir, lieber herre:
     wie habt ir dise not nwr ǔber wunnden? '

189 Er sprach: 'es cham geriten
     ain ritter ellens reich,
  der hat fǔr mich gestriten.
     mit seiner glǟuy rait er hurticleich
  auf disen wurm vnd lost vnns mit sein hannden.
  der valant ligt *er*schlagen dort.
     ich sorg, er sey auch todes nicht erstannden.'

190 Zu hause man da prachte
     den herren zu gemach.
  darnach meniclich gachte,
     an menngen ennden man si süechen sach
  den ritter, der dy fraiß hett ǔberwunnden.
  sein ors dort bey dem wur*e*m
     vnd dy zwen totten ritter wurden gefunnden.

XI Awentewr, wie ain vischer Wigoleisen fannd vnnd wie es
  im pey im ergienng.

191 Darnach mit weyl vnlannger
     ain vischer vnnd des weib
  dar kamen auf den annger
     vnnd funnden da des jungen ritters leib.

188,6 nun *B*.   189,6 ligt der schlagen *A*.
189,4 glauy *A*.   190,6 wurm *AB*.

das weib sprach: 'sich her, was hie ist beschehen!
so reiches ritters watte
   hastu gar all dein zeit nicht mer gesehen!

192 Armüet wier sein entsetzet,
        ob wirs zu recht an vahen,
     all vnnser nott ergetzet.
        nun kumm, laß vnns mit der wat hinnen gahen!'
     sunß trüegen si zu schiff helem vnnd schillde.
     si machten in gar harnasch par,
        liessen in ligen nackent auf dem guillde.

193 Der man sprach: 'mich hat wunnder,
        was dem held sey beschehen.
     in hat des wurmes kunder
        mir her veriagt: do er in hat ersehen,
     von disem schrick der held ist leicht erstorben.'
     die fraw sprach: 'rüech dich, wie im sey,
        das wier et haben die reichait hie erworben!'

194 In dem begund zu ziechen
        der helld ain arm zu sich.
     der man gert dann zu fliechen.
        das weib sprach: 'nain, kumm her vnd merck mich:
     ja well wir / disen iungen man ertrencken!   [f. 80r A]
     so pleibt vns gar sein habe,
        niemant tüet diser tatt gen vnns gedenncken.'

191,5 sich hör *A, aber vgl. Pro.*   192,5 helm *AB*.
        210,38 syhe herr.   192,7 nackent ligen *B*.
191,5 istt hie *B*.   193,7 wir *B*.
192,1 wir *B*.   194,3 fliehen *B*.
192,2 vachen *B*.   194,4 *vielleicht* mereck?
192,4 gachen *B*.   194,6 so *auf Rasur A*, es *B*.
192,5 suß *B*.

195 Da mit si bey dem hare
    den ritter zoch zum see.
  er sprach: 'nain, nicht fůr ware
    well got, das diser mort von vnns ergee!
  got vnd dy wellt sollt vnns drumb sein erwolgen.'
  sy wollt ye das, so wollt er nicht,
    ye doch zum iůngsten müest sis dem manne vollgen.

196 Ditz harnasch si haimlichen
    prachten in iren glet.
  nw was ain magt geslichen
    vil nach, das si ditz alls vernumen het.
  dy kam nach poten prot hin zu ir frawen.
  die fraw sprach: 'zwar, du trůgest mich!'
    'nain, fraw, kumbt, ich laß euch dj warhait schawen!'

197 Sy slichen entsamen leyse.
    do funndens weib vnnd man,
  dy trachten manigen weyse,
    wie si ir ding zum wegsten vingen an:
  er wollt es füeren vail vmb in den lannden.
  zu hannt die fraw clopft an ir thor,
    an red vnnd stymm vil schnelle sis erkannden.

198 Si erschrackens gar an massen,
    je doch müest es et sein:
  dy fraw ward ein gelassen.
    si sprach: 'fůr war, wartt zu den trewen mein,
  das ich euch dises fundes wil so reichen,
  das man von ewern gnossen
    der hab hat nicht gesehen ewer gleichen.

195,5 sein *s.l. A.*

196,3 geschlichen *B.*

197,5 füern *B.*

198,4 wardt *AB.*

198,6 ewrn *B.*

198,7 ewr *AB.*

199 Ob ir des ennds mich pringet,
    do ir den ritter funndt,
armüet wiert euch geringet.'
    der vischer phrait sein schifflein do züe stundt.
'o got, sollt ich den helld gesunnden sehen,
das näm ich für des lanndes chron,'
    die frawe sprach, '*mag* ich mit warhait iehen.'

200 Nw habt ir nicht vernumen,
    was Wigelois geschach,
ee das si zu im chummen.
    er het erholt sich von dem vngemach
vnd was ains tails zu chrefften kumen wider.
do er sich selber nackat sach,
    do maß er sein gedännck hoch vnnd auch nider.

201 Er dacht: 'mir hat getrawmet,
    ein frewdenreiches leben
(des ich doch pin versawmet)
    hiet mir got hie zu diser welte geben.
mein valscher trawm mir noch mer schlaffent saget:
ich solt ain abentewre
    erstreitten durch willen einr claren maget.'

202 Do er ditz lanng betrachte,
    der wunnder küene man
sich selber gar verachte.
    er dacht: 'ich pin et dorffes ein vilan
vnd kan doch weder rewtten noch velld pawen.'
alls er des uil gedachte,
    kumpt dortt her der vischer vnd zwo frawen.

199,1 pringent *B*. 199,7 das *vor* mag *s.l. A*.
199,3 wirt *B*. 202,3 selb *B*.
199,4 ze *B*. 202,6 gachte *vor* gedachte *gestrichen*
199,7 fraw *A*.   *B*.

203 Vor scham er wolte fliechen,
>   do er dy frawen sach.
> mit rüeff si tett nach ziechen,
>   dy myniclich mit frewden zu im sprach:
> 'herr, ich pin die, dy ir doch nechten funndet
> dort clagent auf dem annger,
>   do ir den wurem Pheton v̆berwunndet.'

204 Erst dacht er recht der märe.
>   nicht fŭrbas er do loff.
> der ritter uil erbäre
>   vor scham in ainen dicken pusche schloff.
> ain härmein peltz raicht im dy maget dare,
> von scharlach auch ain mantel,
>   da mit er claidet seinen leib uil clare.

205 Do gieng er zu der frawen,
>   die in liepleich vmb vieng.
> da mocht er wol das schawen,
>   das si von seiner kunft uil freud entpfieng.
> si pot zu hof, das man den ritter holte.
> das bschach mit grosser kurtosy,
>   alls es der herr vnnd auch dy frawe wolte.

206 Dy diet sich frewdt mit alle,
>   das der held was genesen,
> vnnd dort des wurmes valle
>   vnnd man nu in dem lannd mocht sicher wesen.
> zum vischer hieß man auch das harnasch holen.
> das pracht man auf zu hofe hin.
>   sein güetter gŭrtel ward im et da verstolen.

203,7 wurm *AB*.   205,7 fraw *A*.
204,6 vor scharlach *A*. 206,4 nun *B*.
205,5 si pat *B*.

207 Durch zucht ers nicht gefragen
         wollt, war er wäre kummen.
     er was zu dreyen tagen
         bey graf Moral. do ward vrlaub genummen:
     er wollt den preis zu Glois auch erwerben
     an Roas dem vngetrewen.
         der graf sprach: 'nain, ir müestt der nott ersterben!'

XII Awentewr, wie sich her Wigelois vrlaubt von graf Moral
     vnd wollt reitten nach der awentewr zw dem vngetrewen
     Roas von Gloys vnd wie im vnnder wegen gelanng.

208 'Vil schwind dy abentewre
         ist, herr, dort zw erholen.'
     Wigeloys der gehewre
         sprach: 'zwar, was ich arbait darumb müeß dolen,
     so laß ich doch durch nichte dar mein rayse.'
     die gräfin sprach: 'erwindet, herr,
         wann gar ze schwär zerwerben ist dy fraise!

209 Dar züe euch nicht gehaylet
         sind wunden vnd quatschŭr,
     dy der wurm vertailet
         euch kraczt.' der helld iach: 'pringet mir her fŭr
     das harnasch, wann ich wil et sunnder peitten

207,1 er nicht *B.*
207,2 er wär *B.*
207,4 urlab *B.*
207,7 müest der nott *A.*
XII,1 Wigoleys vrlabt *B.*
XII,2f vnd *bis* gelanng *fehlt A.*
209,2 qawatschŭr *(davon* q *und* at
        auf Rasur) A, kawet schŭr *B,*
        vgl. Pro. 213,9 quatschur.

209,4 pringt *B.*
209,5 noch hewtt bey disem tage
        das harnasch *(als Vers 6 ist*
        noch hewtt pey disem tage
        hinter sunnder peitten *wieder-*
        holt) B.

58

noch hewt bey disem tage,
　　wie es mir gee, zer awentewre reiten.'

210　Graf Moral het behallden
　　　ain harnasch starck vnnd vestt.
　　er sprach: 'got sol sein wallden!
　　　für not hab ich ain prünne gar dy pestt.
　　dy worchten mit vil kunst dy wilden twerge.
　　mit vleiß si ir lanng hüeten.
　　　ain wilds weib stals zu jüngst in aus dem perge.

211　Von palmad seyd ein hemde,
　　　das nembt für zaubers listt,
　　vnnd dises harnasch fremde.'
　　　sunst wappent sich der herre zu der frist.
　　ain ors zoch man im dar für not verdecket.
　　do nam er vrlab zu der not,
　　　den ye ain grosse fraiß lützel erschrecket.

XIII　Awentewr, wie her Wigelois von ainem willden weib zw nöten
　　　kam vnd wie er wider von ir kam vnd in das lannd zw
　　　Gloys kam.

212　Fraw Mynn, euch kan benüegen
　　　nicht an den rechten massen,
　　ir wellt den held ge/füegen　　　　　　　　　[f. 80v A]
　　　von mynne zu vnmynne reitten lassen.
　　ir möcht dy not ains tails im machen ringer.
　　wo ewem dienern misselingt,
　　　des lüeget ir alls züe nur durch die vinger.

210,4 prünn *AB*.　　　　　211,4 herr *A*.
211,2 niembt *A*.　　　　　212,6 ewr *AB*.
211,3 frömde *B*.　　　　　212,7 lüegt *AB*.

213 Frau Mynn sprach: 'was ich sage
         von wirden, yens vnnd das,
     vnd dirs weis nacht vnd tage,
         so pistu et an deinen witzen laß.
     weißlicher füer sicht man dich ye den schiechen.
     auch so kund ich bey meiner zeit
         ain sparber edel auß kaim gauch nye erziechen.'

214 Hab ich zu var gerennet
         euch, fraw, mit worten an,
     zum pestten mirs erkennet!
         mich jamert ye doch nur der küene man.
     er reitt nw hin: got well gelück im meren!
     wo in icht nott an stosse,
         das well fraw Seld jm zu dem pesten keren!

215 Zu rugk warff er sein sorgen,
         ainr strassen kert er nach.
     zu hanndt nach mittem morgen
         verwachsen mangen weg er vor im sach.
     er volgt aim hin zu seiner leczen hende.
     der trüeg in in ein wilds gerewt,
         ditz was bey ainer holen staines wennde.

216 Verwachsen gar mit doren
         was weg vnd straß aldar.
     do hefft der wolgeboren

214,4 doch uor der *B*.   215,5 ainem hin *B*.
214,5 reit *A*.   215,5 seinr *A*.
214,5 nun *B*.   215,5 lerczen *B*.
214,6 in nicht not *B*.   215,7 stain wennde *A, vgl. 221,3*
214,7 wellt *B*, t *hinter* well *ge-*   staines wennde, *aber Pro.*
         tilgt A.   *213,41* steynwand.
214,7 selb *B*, seld *aus* selb *korri-* 216,1 dorn *A*.
         giert A.   216,3 wolgeborn *AB*.
215,2 kort *A (vgl. auch 305,5)*.

sein ors zu ainer ran vnd nam selb war,
ob er möcht yendert sein durchuart erspǔeren.
bey ainem see aus ainem hol
    sicht er ein valatein schwind gen im rüeren.

217 Der ritter nam wol achte,
    das es et was ein weib.
wider sich er gedachte:
    'ob ich sollt schwert ziechen gen ir leib,
das hieß ain müet an eren gar verzagte.'
gleich wie aim willden eber,
    auß mund zu yeder seit ain zan so ragte.

218 Ir angsicht wie aim affen
    murret vnd augen tief:
sunst was si schwartz geschaffen,
    lanng koczet har ir leib mit all vmb swieff.
recht wie ain per thett si den helld an lauffen.
ir sterck was im et gar ein her:
    schnell warff si disen man mit craft zu hauffen.

219 Prǔnn, helem, schillt vnd schwerte
    raiß si von im zu hanndt.
alls sis ir vaykait lerte,
    hennt vnd auch füeß mit ainer wid si panndt.
er lag gar ane wer vor disem weibe.
das schwert si prach aus seiner schaid
    vnnd wollt das haupt im slachen von dem leibe.

220 Wert, wertt, fraw Awentewre,

216,4 ainr *AB*.
216,5 erspüren *B*.
218,1 angsicht *B*.
218,4 schwieff *B*.
219,1 helm *AB*.

219,4 hannt *AB*, *aber vgl. Wirnt*
     6412 beide hende *und Pro.*
     214,17 hend vnd fǔß.
219,7 slahen *B*.

nie helff ward nie so not!
alls das weib vngehewre
den schwertes schwanck im nach dem leibe pot,
sein ors zu wayen do hüeb an uil laute.
des erschrack gar ser die valatein,
wann zu genesen si nicht lennger trawte.

221 Das schwert si aus der hennde
warff vnnd hüeb an zu fliechen
hin gen der staines wennde.
si dacht, der wurm tett aber nach ir ziechen:
die vngehewr westt er des enndes wole,
des süecht ers da gar dicke,
so entran si im *et* alltzeit in das hole.

222 Der held gar helffe sunnder
lag bey des sees stad.
im selb nicht helffen kunder:
in nöten er dy gotes güete pat.
er wannd sich hin vnnd wider menngen ennden.
mit dem ain starcke wid auf prach,
das er ward ledig mit sein baiden hennden.

223 Alls der held ward enpunden
von disem starcken panndt,
do loff er an den stunden
zu seinem schwert vnd nams pald in sein hanndt
vnnd sprach: 'ich glob bey ritterlicher ere,

220,6 uil ser *B*.
221,4 ziehen *A*.
221,5 ennds *AB*.
221,7 et *fehlt A*.

222,7 war *AB, aber vgl. Pro.*
214,40f dz jm beyde hend
ledig wurden.
223,5 ich glaub *AB, aber vgl. 248,5*
globt *und Pro. 214,43* jch ge-
lob bey ritters ere.

was mich zu var wil mainen,
das ich et saum an wer mich nymer mere.‘

224 In sein prǔnn sich der raine
zu hanndt verwappent wider.
das ors stock vnnd auch staine
zoch er zer hennde zu dem see her nider.
er fannd ein flößlein bey des wassers stade.
dar auf er saß vnd füer all palld
ǔber den wag, der ritter mit dem rade.

XIV Awentewr, wie her Wigelois dem starcken Karios
angesigt, wie er durch das rad kam vnd Marinen
erschlüeg vnd den graf Adam vor Gloys petzwanng.

225 Er saß auf sein raueyte,
der wunder küen weyganndt.
er rait in clainer zeite,
do er *er*sach ain wunicleiches lanndt.
bey ainer straß da war*en* auf gestecket
wol sechzig sper nach einer zeil.
das disem ritter newen müet erwecket.

226 Do sach er gen im reiten
den starcken Karios,
dem nyemand kund gestreitten
von seiner craft, dy was so ǔbergros.
wol vierczig mannes krefft zalt man seim leibe,
wie man in nennet nun ein zwerg.
zer wellt par in zu walld ain wildes weibe.

_____

225,4 do er sach *AB*.   225,5 warn *A*.
225,4 wunikliches *B*.

63

227 Der sprach: 'du wicht verwassen,
　　　wer pracht dich in ditz lanndt?
　　streits wirstu nicht erlassen.‘
　　　ain starckes sper nam er do in sein hanndt.
　　Wigelois auch ains füert gen disem punnder.
　　das sy paid ye gesassen
　　　gen diser just, dy awentewr hatz für wunnder.

228 Dy sper zu stucken clainen
　　　zerrissen auf den schilten.
　　streits warens nicht dy sainen:
　　　des todes schimpf si mit ein annder spilten.
　　die sper si do mit alle gar uerschwannden.
　　do nam der starcke Karios
　　　ain kolben schwär zu paiden seinen hannden.

229 Da mit er crefticleichen
　　　kert an den küenen man.
　　Wigeloys nicht wolte weichen.
　　　ain waffen scharff er aus seinr schaid gewan.
　　do wurden dy schilt in manig stuck geschlagen.
　　ir tweder preises was gewon
　　　vnd *d*acht sein preis auch lennger noch zu tragen.

230 Wigelois chŭndicleichen
　　　strait mit dem starcken man.
　　dar sprengen vnd auch weichen
　　　müest / er mit listt. zu jŭngst er im gewan　　[f. 81r A]
　　ain swancke ab, der in lebens verserte,

228,7 swär *B*.
229,4 seiner *B*.
229,6 was gewan *B*.
229,7 tacht *A*.

229,7 auch noch lennger *B*.
230,1 Wigeleis *B*.
230,5 ain swanck *B*.

64

durch helem vnd durch hiren schal.
darumb Karios flüchtig von im kerte.

231 Er iagt auf seiner verte
im schnelliclichen nach.
ain nebel dick im werte,
das er in fliechens vor im nymer sach.
des müest er seiner nachfart do erwinden.
er rait für an sein strassen.
ain awentewr schwär tet er do vor im finnden.

232 In ainem mos auf schwingen
sach er ein nebel dicken
von zauberlichen dingen.
was der begraif, tet er zu samen verpicken.
dar aus ein pach tett durch ain prugken fliessen:
ain starckes rad *der* vmbe traib,
das gen der prugk stach mit *schwertt*, gabeln vnd spiessen.

233 Er sach ditz frömde wunnder,
des in wunndert an massen.
mit nicht erdencken kunder,
wie ers an fieng, das es in durch sollt lassen:
mit stich vnd schlege es grimeclichen wüetet.

230,6 helm *AB*.
230,6 hirn *A*.
231,4 fliehens *B*.
231,7 swär *B*.
232,4 zu sammen picken *B, aber vgl. Pro. 216,8* zesamen ver-
picken.

232,5 das *AB, vielleicht ein durch nachfolgendes* das *motivier-ter Fehler der Schreiber, viel-leicht ein durch Wirnt 6778* wazzer *motivierter Fehler des Autors.*
232,7 schwertt *fehlt A, aber vgl. Pro. 216,18* mit schwerten, gabeln vnd spießen.

er dacht: 'ich uersüechtẹ sunst mein hail,
    ob die strass wär mit risen dreissig behüetet.'

234 Er sprach: 'o herr triualtig,
        seyd dein götliche macht
    ist aller ding gewaltig,
        erkennd das ennd, ee sich angeng an vacht,
    erlöß mich hie vor diser sorgen purde!
    sollt ich hie wider keren,
        ain schlag mir das all meiner frewden wurde.'

235 Dy nacht an hüeb zu vinstern,
        vollenndet was der tag.
    nach dem der man ward glinstern.
        in der sorg Wygeleys eins schlaffes lag.
    der nebel dick schlüeg sich da in das wasser,
    da von der wag uil dicke ward.
        des ward an seinem ganng das rad do lasser.

236 Alls es sich sunst ward sperren
        vnd stille stünd, das rat,
    Wigoleis hort das kerren.
        er plickte auf vnd iach: 'got selber hat
    geöffnet mir das lannd, dar züe dy pforten.'
    er zoch sein ors über die prugk
        vnd sagt got danck mit hertzen vnd auch worten.

237 Alls er auf sein raueyte
        saß, der helld uil gehewr,

233,7 straff *B*.
234,4 erkend *A*, erkennt *B*.
234,7 des aller *A*.
235,1 vinsteren *AB*.

235,3 glinsteren *B*.
236,1 suß *B*.
236,2 radt *A*.

66

secht, in der selben zeyte
    loff in ain valant an mit starckem fewr.
auch ward dj nacht sich vinstern also vaste,
das er sach weder diß noch yens
    noch nicht erkannt gar kaines sternes glaste.

238   Marin den held an placzte:
    des wert sich diser degen.
es pais in vnde kratzte:
    er schwanckt vmb sich et mit vil swinden schlegen,
er schlüeg ain wunden im an massen tieffe.
do ließ es von dem held. zu hanndt
    nach ainem erein hafen gros es lieffe.

239   Das fewer mit den hennden
    warffs an den küenen man.
wo es klebt, welchen ennden,
    zu hanndt schilt, sper, swert vnd der helem pran.
ein schlag von im Marinen ward geworben:
er swanck ain pain im von seim leib,
    suß müest er von dem fewer sein erstorben.

240   Das plüet aus diser wunnden
    spranng an den müetes reschen.
war es sprŭczt, an den stunnden
    das fewer gar mit alle tet erleschen.
do Wigeloys tett diser ding entpfinden,
do spranng er zu Marinen
    vnd schlüeg es tod mit ainem schlag uil schwynnden.

237,5 war *AB*.
237,5 vinsteren alls vaste *B*.
238,4 swanckt *B*.
238,4 schwinnden *B*.

239,1 fewr *AB*.
239,4 helm *AB*.
239,7 fewr *AB*.
240,4 fewr *AB*.

241 Den hafen es gar schŭczte
     mit alle nu auf in.
sein plüet zu hannd er nŭczte,
     straich allenthalben baide her vnd hin.
ye doch sein ors müest im do tod verprinnen,
vor gäch ers nicht erwennden mocht.
     zu füessen so müest er nw schaiden hynnen.

242 Do hort er aine stymme
     hoch in den wolcken schreyen
gar tunerlich vnd grimme:
     'Roas, dein zauber mag dich lŭczel freyen.
Karios, Marin, die sind baid erstorben,
ditz lannd ist nw gar offen:
     das hat ain junger ritter hye geworben.'

243 Nach dem dy stymm geschwaige.
     do gund man aber sehen,
das dy dick wolcken saige.
     der man nach hellem schein tet liechte prehen.
er sach vor im Glois, ain purgk vil vestte.
was er ir sach mit augen vor,
     so was si doch fŭr nott dy aller pestte.

244 Er gieng hin zu der pforte,
     da er tet dort gesigen.
er sach an ainem orte
     verwappent zwen ritter vnter ainem vor werck ligen.
bayd schillt vnd swert an der wenndt bey in hienge.
der sein mit streit im was vertan:
     der ainen er zu hennden palld gefiennge.

244,7 der ainen B, der korr. zu den
     A, vgl. Wirnt 7141 unz er den
     naehsten schilt gevienc und
     Pro. 218,30 nam behende ei-
     nen schildt.

241,4 allenthalb AB.
243,4 helem AB.

245 Die ritter baid erwachten,
  vil schnell si do auf sprungen.
 schleg schwär do laut erkrachten,
  do si mit streite gen dem küenen drungen.
 do sach man funcken liecht auß helmen fliegen,
 auch von den herten schillten.
  sust wexelt sich ir ritterliches kriegen.

246 Von der purg si in nider
  triben mit schlegen groß.
 er schlüeg hin auf si wider.
  auß armen starck so holt der schannden ploß
 ain schlag, dar mit den ainen ritter werden
 valt er mit ainer wunnden,
  das er todt lag vor im do auf der erden.

247 Der annder ritterleiche
  sein gesellen gert zw rechen.
 der edel müetes reiche
  ward dar vmb fraislich hawen vnnde stechen.
 Wigelois allerst newe kraft do nützte:
 er schlüeg den ritter durch den helm,
  da von das plüet wol ellen hoch auf sprützte.

248 Hie mit siglos gesehen
  zw hanndt graf Adam wardt.
 viantz er tet veriehen
  dem edeln iungen süessen ane part.
 gesellschafft er im globt mit mund vnnd hennde:
 dy werte vnzerprochen gar
  mit trewen stät biß an ir baider ennde.

245,3 sleg swär *B*.   247,5 do newe kraft *B*.
245,4 drungen *aus* trungen *A*. 248,4 edelen *B*.
247,4 vnd stechen *B*.

249 Gen tag es was hartt ferre.
         do sprach der küene gast:
     'nun sagt mir, lieber herre,
         wie chum ich durch das tor auf das palast? '
     er iach: 'o herr, ewer kumenden rayse!
     seinr stercke nicht geleichet,
         darumb ich ewer sorg han zu der frayse.

250 Ir habt bis her gesiget,   [f. 81v A]
         seidt Karios ligt erstorben
     vnd Marin auch hie liget
         vnd an meim cunpan preise habt erworben.
     wies euch allhie ergat mit disem haiden,
     zu ewerm pestten haile
         so müeß es euch got zu dem pesten schaiden!

251 Sollt ir nicht hie ersterben,
         drey reich vnd weyte lannd
     möcht euch ewr steit erwerben,
         dar züe die schönst magt, dy ye aug bekanndt,
     der lob so weyt erhilt in allen reichen.
     wellt ir des streites entpern nicht,
         so müeß euch got mit helffe nicht geschweichen!'

XV   Awentewr, wie her Wigeloys mit streit angesigt
     dem vngetrewen haiden Roas, wie sein fraw,
     dy schön Laueyt, vor laid erstarb, wie er wider
     zw graf Moral rait vnd wie sein sig in dy lannd
     verkünndt ward *vnnd sunnder zw Roymund
     der schönen küniginn Laria.*

249,5 ewr *AB*.   251,6 streits *A*.
249,7 ewr *AB*.   251,7 gesweichen *B*.
250,4 cumpan *B*.   XV,5f vnnd sunnder *bis* Laria
250,5 haiden *s.l. A*.   *fehlt A*.
250,6 ewrm *AB*.

70

252 Ain ringk von gold uil tewer
        hieng an der reichen pforten.
    den rüert der helld gehewer:
        das in der purgk si all geleich nu horten.
        dy ward entspart. er gieng drein an der stunnde.
        alls diß tor wider ward verspert,
            nicht hares groß er do gesehen kunde.

253 Ain doner schlag gestossen
        kam, der uil laut erschal,
    mit ainem plicz uil grossen,
        das palas vnnd auch purgk darnach erhal.
        ditz leucht, alls ob das schloß gar wär enprennet.
        do sach er an den wennden,
            das er der reichait gleich uor nicht erkennet.

254 Auf ainen palast reiche
        gieng do der schannden par.
    do sach er wunicleiche
        erglestten mengen ioch spiegel var.
        alls er ein weyl gewaret diser dinge,
        ain thür sich thet entschliessen,
            dar durch uil manig clare maget ginge.

255 Sechs was der an der zale,
        dy trüegen liecht in hennden.
    zu ring vmb in dem sale
        so stackten sis allenthalb an den wennden.
        kaine den helden grüesset noch saluieret.

252,1 tewr AB.   253,7 gleich fehlt B.
252,2 hieng korr. zu hangt A.   254,4 ioch AB, vgl. Pro. 219,40 jochanten.
252,3 gehewr AB.   255,4 stackten si allenthalb AB,
252,6 war A.   aber vgl. Pro. 220,2f steckten
252,7 do fehlt A.   die liecht allenthalben.

dar nach in kamen aber sechs,
    dy waren verre pas dann yen gezieret.

256   Nach dem sach er ain frawen
    gan, wol dem wunnsch geleich.
   do müest er reichait schawen:
    Laueit so hieß mit nam di minicleich.
   helem vnd schwert dy erenreich do trüege.
   mit der menng klare maget kam,
    dy stünden zu aim ring mit grossem füege.

257   Darnach mit hochfart grosser
    Roas zer thŭr ein ging,
   der zagkait was uil plosser.
    ain wolcken schwartz den valant vmbe vieng:
   dar inn sein helffer allzeit teten schweben,
   dy argen helle wichte,
    den er het leib vnd sel mit all ergeben.

258   Vor disem grossen schewtze
    her Wigelois der degen
   mit dem gar fronen crewtze
    gund er sich zaichen vnd fŭr not gesegen.
   mit grym der hayden den helm panndt zu haubet.
   er sprach: 'her, wicht verwassen!
    wer hat zu gen dir in mein purgk erlaubet? '

259   Er sprach: 'zu disem lannde
    pin ich durch streit geriten,
   das ir mit lasters schannde

255,6 darnach in *A*.   256,5 ernreich *A*.
256,1 sein frawen *B*.   257,5 tetten alltzeit *B*.
256,4 mit namen *B*.   258,4 not segen *B*.
256,5 helm *AB*.   258,6 wich *B*.
256,5 swertt *B*.

ewr hohen preis an eren habt versniten.
an ewerm herren habt ir ewr trew zerprochen!
ich traw got vnd meim ellen,
    das ditz an ew werd hewt von mir gerochen.

260 All ritter sich wol schamen
        mügen des mordes groß,
    das ir habt ritters namen
        vnnd da bey seyt so gar der eren ploß.
    ewr trewloz hercz müeß drumb mein pfannd hie wesen.
    ich rich mein frawen vnd das lanndt.
        wert euch, ob ir des leibes wellt genesen!'

261 Hie mit zu samen sprungen
        dy helden vnuerzait.
    dy schwertt zer hennd in clungen,
        ir tweder do nach hohem preise strait.
    dy schillt zerhiwen si gar vor den hennden,
    so das dy goldes spangen
        stuben in scherben weys zu allen wennden.

262 Der hayden kreffticleichen
        alls durch den sturem gie.
    den degen ellensreichen
        schlüeg er, das er do strauchet auf ain knye.
    er sprach: 'lanng her viantze für dein sterben!
    ob du gichst hilff mein götten,
        so laß ich dich zu mir noch huld erwerben.'

259,4 uerschniten B.
259,5 ewern A, ewrm B.
259,6 mein ellenn B.
260,3 ritter B, ritter zu ritters s.l.
    korr. A, vgl. Pro. 220,21 dz
    jr ritters namen haben
    söllent.

261,5 zerhwien A, zerhwen B, vgl.
    Tro 353,1 und Iban 261,1
    hwien, Sei 185,5 hiuen, sonst
    meist hewen.
262,2 sturm AB.
262,4 slüeg B.

263 Der helld auf spranng zu stunnden
    vnd ward erzürnet erst:
'lig ich vor dir gepunnden,
    das du viantze allsus von mir gerst?
oder kennstu mich der wer so gar den pröden?
meiner sicherhait ich nyemant gich,
    den man erkennt an trewen so den öden.'

264 Hie mit do newes hassen
    hüeb sich erst zwischen in paiden.
an manhait nicht dy lassen,
    gerten sich paide nyemandt do ze schaiden.
man sach uil fewres aus den hellmen schiessen
von scharffer schwertes egken
    vnd manig plech von negelen sich entsliessen.

265 Dem haiden ser versmachte,
    das diser helld gehert
den streitt erzewgen mochte,
    das er in kampf so lanng ye vor im wert.
sein schwertt zwanng er zer hennde kreftikleiche
vnd gab dem hellden ainen schlag,
    da von ein wunt entpfieng der ellennsreiche.

266 Wigelois erst beraubet
    ward mynn vnd senftes müetz.
sein har vor grymm im straubet.
    er gert durch rach vil ser des haidens plütz.
er nam sein schwertt zu baiden seinen hennden
vnd schlüeg den hayden durch helem vnd haubt,
    das im der slag erwenndt gar auf den zennden.

264,7 negelem (negelein?) *B.*   266,6 hellm *B.*
264,7 entschliessen *B.*   266,7 schlag *B.*
266,4 des haiden *B.*

267 Der haiden vor im strauchte
    tod nider in das plüet.
inn dem der tag her läuchte.
    nu was auch Wygelois, der degen früet,
vil nach von müe*d* des lebens da beraubet.
Karios, Marin vnd graf Adam
    heten dj nacht mit schlegen in ser betaubet.

268 Sunst viel er auch zer erden
    zum haiden tod var nider.
vnnd do dy frawen werden
    sahen, das ir herr rüerte hannd noch lider,
vnnd fraw Laueit sach, das er was erstorben,
mit annder ir genossen,
    des waren si an frewden gar verdorben.

269 Vor laid fraw Laueit strauffet
    vom haubt ir reich gependt,
ir liechtes har si rauffet,
    mit schray / so wanndt dy süeß ir weisse henndt: [f. 82r A]
'o Teruiant, Apoll, euch das erparme!
wie habt ir mich belonet,
    das ich an frewden *worden* pin dy arme!'

270 Si viel amächticlichen
    auf irs ameyses leib.
do kam der tod geschlichen
    vnnd stal das leben disem süessen weib.
do dise frawen den iamer groß befunnden,
do hüeb geschray sich auf dem sal
    vnnd ward menng clare hannd vor laid gewunnden.

267,5 müe *AB, aber vgl. Pro. 221,16*   269,7 worden *fehlt B*, worden pin
der grossen müde halben, *aber*   dy arme 2. *Hd. auf Rasur A.*
auch 279,5 nach müe.

271 Ich wollt der zartten gunnen,
    das si noch tätt begiessen,
herr, deinr genaden prunnen
    vnd liest si rew vnd hoher trew genyessen!
dy gericht beuolhen sind dein gnaden taugen.
ich hoff, ir tauffe seyen
    die zäher haiß aus iren claren augen.

272 Man trüeg si dannen payde
    mit clag dort ab dem sal.
vnnd in dem selben layde
    gieng ein graf Adam vnd hortt disen schal.
dy mägt sich gerten an dem helld *pas* zu rechen:
hin lof uil manige clare fraw,
    wolten in mit pfriemen vor laid da gar erstechen.

273 Graf Adam sach ir willen
    von der uil süessen schar.
ir haß tett er do stillen
    vnnd sprach: 'ir rainen frawen, nemet war,
wie Roas hat mit valsch das lanndt gewunnen
ab seinem rechten herren!
    sunst ist auch im des gwaltz mit recht zerrunnen.

274 Helfft mir den helld erneren:
    das zimbt wol weybes zucht.
lat im hie sterben weren!
    von weib geporen nye ward so raine frucht.
ich wil für disen ritter sein gewere,
sol er gesunndes wallden,
    das er euch füeget paide frewd vnd ere.

271,3 gnaden *AB*.
271,4 hocher *B*.
271,6 seye *AB*.
272,5 pas *getilgt A*.

272,7 pfremen *A, aber vgl. Pro.*
    222,1 mit pfriemen.
272,7 do *B*.
273,7 sust *B*.

275 Mein sicherhait empfanngen
      hat er vmb mein genist.'
   do was auch gar erganngen
      der frawen has, wann der vnwirig ist.
   ir haß wert alls schne bey der sunnen glanntze.
   drumb wer den frawen zu var icht spricht,
      der dunckt mich nicht an weißhait sein der ganntze.

276 Gesunndes noch verhawen
      lag diser helld tod var.
   do er erhort dj frawen,
      do schwanng er auf sein liechte augen clar.
   er iach: 'o got, was ist alhie beschehen,
   das ich sunst lästerlichen
      an zucht vnd scham hie wiert von euch gesehen?'

277 Der graf sprach: 'herr, fůr ware,
      ob ir hie mŭgt genesen,
   gar all der frawen schare
      müessen durch euch mit hohen frewden wesen.
   seidt ir dy awentewer habt erlöset,
   in Korotin vnd Jorephas
      mag sich wol frewen manng liechter munnd geröset.'

278 'Ja, wil gelůck mein wallden
      vnnd dy dortt tregt mein hertz,
   so mag ich frölich allden!
      dy mir mag geben frewde vnd auch schmertz,
   der plick hat muet vnnd all mein synn besessen:

275,1 entpfanngen B.   277,4 hochen B.
275,4 vnwierig B.   277,5 awentewr A B.
275,5 sunne B.   277,7 geroset A.
276,6 sust lästerleichen B.   278,1 glůck B.
276,7 wirt hie B.

ir mynn sey et mein widergellt,
    mein arbait sey mit all ir züe gemessen!'

279   Vil manig clare maget
       man do entwappen sach
   den helld gar vnuerzaget.
       darnach er ward gefüert an güet gemach.
   durch rüe nach müe in schlaff er pald entnucket.
   do kam et dar dy süesse mynn,
       die im sein schlaff vil palld aus augen rucket.

280   Zu hanndt er sich auf machte
       vnnd gienng auf das palas.
   reich claider man im prachte,
       ain orsch verdecket auch zu wunnsche was.
   dy herren bayd suns riten für dj vestten
   durch erpanichen ire gelider.
       diß lannd er sach mit *reichait groß* erglesten.

281   Zu haws si wider kertten,
       der ymbis was gemacht.
   von den fürsten gehertten
       ward mennger hannde rate do betracht.
   er pat dy frawen wesen hohes müetes:
   er wollt si not ergetzen,
       ob im nicht präch seins lebens noch des güettes.

282   Er sprach: 'gar sunnder paiten
       wil ich zer verte mich
   von stund an yetz beraytten
       zu graf Moral. er wännt uilleicht, das ich
   in diser herten fraiß sey hye erstorben.'

280,5 suß *B*.   281,4 rat *B*.
280,7 mit grosser reichait *A*.   281,5 hoches *B*.

ain pfärd im do beraitet ward,
 dar auf saß, dem vnhail da was erstorben.

283 Graf Adam sein gelaitte
  wollt wesen für das thor.
 den weg ains tails er raitte.
  da loff das rad et aber alls da vor.
 das ward zerstört. auch funnden si erschwarczet
 Karios von dem nebel,
  wie ain pechstain, allsus was er verharczet.

284 Wygoleys sprach: 'mit trewen
  pflegt mir alhie der lanndt!
 es mag euch nicht gerewen
  her nach, ich secz euch ritters eer zu pfanndt.'
 sust schieden sich die herren von ein annder.
 Wigoleis rait zu Jorophas:
  ab seiner kunfft ir frewde groß wol kander.

285 Poten wurden gesenndet
  all vmb gar in dem lanndt,
 wie ir not wär erwenndet
  mit streit von aines küenen ritters hanndt.
 graf Moral sprach: 'nach poten prot geworben
 wiert hin zu meiner frawen,
  di lanng zeit ist an frewden gar verdorben.'

286 Alls ers vor het besunnen,
  mit all das auch beschach.
 reich poten brot gewunnen
  in lannden ward. graf Moral pald darnach

282,7 er *vor* saß *s.l. A.*
283,7 es *A (Karios ist zwar* ein
 zwerg, *wird aber sonst stets*
 er *genannt).*

284,6 Jerophas *A.*
284,7 wol erkannder *B.*
285,4 ains *AB.*
285,6 wirt *B.*

dy potschafft warb selb zu seinr claren frawen,
mit im auch der graf Wayolars.
    da von Laria trauren ward verhawen.

287   Mit freuden ward entpfanngen
      der graf mit all den seinen.
   si sprach: 'senlich verlanngen
      hab ich gedolt mit lanng werenden peinen.
   von deiner kunft meim hertzen frewd entspringet.
   ich hoff, du füerest märe,
      da von vnns vnnser laid*e werd* geringet.'

288   Er sprach: 'miniclichs grüessen
      enpewt euch bey mir her
   (ob ich dj wort kund süessen
      von dem, der do ist vnnser frewden wer),
   der den wurm Phetan hat ŭberstritten.
   fraw, durch ewr süesse mynne
      hat er arbait vnd kumers uil erliten.

289   Zw Glois ist erstorben
      Roas, der mörder arck.
   auch hat er sig erworben
      an Karios, dem twerge / wunnder starck   [f. 82v A]
   Marin erschlagen ligt von seinen hannden.
   das zauber gar uerschwunnden ist
      mit nebel dick, auch ist das rad gestannden.'

290   Do er ir ditz alls kŭnndet
      vnnd da bey sein gesund,
   ir hertz sich do entzŭnndet

287,7 laid werd, *dahinter i.m. 2. Hd.*   289,5 erslagen *B.*
      pald *A.*   290,1 alles *B.*
288,5 Pheton *B.*   290,3 da *B.*

mit mynn vnd frewd. wer euch das sagen kund,
der müeste et haben kunste vil gelernet.
des trawrens schelff ward hin getan
    vnd was da nicht dann frewd mit süeß durch kernet.

291   Artus man poten sannde,
    Gaban vnnd Lanntzilet,
Iban auch, dem weygannde,
    Ereck, Walban vnd her Gaharet.
zu Korotin pat mans zer prautlauf kummen.
man sagt in gar dj märe,
    wie Wygoleis den sig hiet dort genummen.

292   Man veriesch vil weit das märe,
    das Korotin das lanndt
mit streit geöffnet wäre.
    do man die selben gütten mär befanndt,
was pew zu veld vnd steten was verleczet,
das pracht man schnelles wider.
    auch wurden stet vnnd pŭrge schon beseczet.

293   Vor Korotin erstrecket
    ward uil der pauilun.
dem lannd ward frewd erwecket.
    zu dem hof komen gar uil der Pritun.
nu was Wigelois vor in auch dar kummen.
dar kam meng hoher fŭrste,
    do ward zu veld meng weyter ring genumen.

294   Poten nun prachten märe,
    wie dar von Roymund

290,7 danñ *A*, wann *B*.   293,5 nun *B*.
291,5 prautlafft *B*.   293,6 menger *AB*.
293,4 kamen gar uil der Pritan *B*. 293,6 hocher *B*.

dy kŭnigin kumen wäre.

  kŭnig vnd fŭrsten rŭsten sich an stunnd

mit karthosie. sich hüeb ein michel ga*ch*en.

dy kŭnigin Laria

  zum lanndt si teten mit frewden hoch entpfachen.

295 Alls Wygoleis von verren

   fraw Laria kummen sach,

 mit ir dj lanndes herren,

   mit schoy er fŭr ditz her mit freuden prach.

 mit armen er dy miniclich vmb vienge,

 er twangs nahen zu hertzen,

   nach dem ain kus an roten mund ergienge.

296 Was sol ditz lannge sagen?

   do was et freuden vil.

 mich thüet ain annders iagen.

   hye was ock Korotin der freuden zil.

 alls mans zum palas füert, do kam gelauffen

 ain garzun klagepäre,

   der tett sein har vnd claider von im rauffen.

XVI *Awentewr, wie der hertzog Lion Amiren von Libia erschlüeg, wie fraw Liamire des vor laid starb vnd wie es her Wigoleis rach.*

297 Er gunnd vil lautes rüeffen:

   ʼo vy vnnd alamort!ʻ

 sein iämerkliches wüeffen

   dy fŭrsten vnd sunst menig ritter hort.

 er sagt mit clag gar all sein hertzen schwäre:

294,5 gahen *A*.   XVI,1ff *fehlt A*.

295,7 ergiennge *B*, erginge *A*. 297,2 alemortt *B*.

wie Amire von Libia
    auf diser hofe rais ermördet wäre,

298 Vnd wie fraw Liamire
    dört läg bey im erstorben:
'nu sag ich euch uil schire:
    Lion ditz laster hat mit im geworben.
er dient nach mynn meinr frawen mit diensten lanngen:
er blaib lons gar entweret,
    des hat er disen mord alhie beganngen.'

299 Vmb diß mortlich maine
    wurden dy fůrsten gar
ainr herfart ǔber aine.
    mit poten schickten si ir vech im dar,
si wolten disen mord an Lion rechen.
zum hof sich nu der puhurt hüeb:
    do sach man sper auf schilten hert zerprechen.

300 Die prautlauf ward fröeleiche
    volpracht mit koste grosser.
darnach dy fůrsten reiche,
    yeder gesehen wollt sein zaghait plosser,
zu diser rais si rǔsten sich mit scharen.
zu hauptman Gaban ward erwelt,
    der solt auf diser vert das her bewaren.

301 Sunst ward Lion besessen
    von disen helden zicren,
die stat mit her vmb messen.
    die ritter legten sich zu porten fieren,
die si doch ane wer lǔtzel da funden.

298,3 nun *B*.   299,6 nun *B*.
298,7 dis hat *A*.   300,4 sein gar zagkchait *B*.

an Lions starcker ritterschafft
man spurte wol, das si auch streitten kunnden.

302 Nu was auch dar hin chummen
        ain wunnecliche magt.
     ir habt das ee vernumen,
        wie Wigelois durch si den preis beiagt,
     do er den sitich ir mit streit beherte.
     dy hett nun durch den graff Adam
        sich angenumen ritterleicher verte.

303 Seyd in vor Domas vinge
        Roas mit ritterschefft,
     do ein turnay erginge,
        je seyd ir lantz auf herten schilten hefft:
     si gert ir ameis wider ledig zu machen.
     durch in vnd auch den künig reich
        von ir müst schillt vnd sper auch do erkrachen.

304 Man öffnet da dy pfortten
        der stat. dar aus gefaren
     kumen zu den vier orten
        vier panier reich mit ritterlichen scharen.
     dy Prytoneis der wer auch nicht verlagen.
     do ward ain streit uil herte.
        do sach man disen fliechen, ienen iagen.

305 Dy magt Marin den punder
        prach durch der veinde schar,
     mit streit si worchte wunder.
        ein küener fürst nam irs geuertes war,

301,6 starcke *AB*.

302,1 nun *B*.

303,1 viennge *B*.

303,3 ergiennge *B*.

303,6 den kunigreich *B*.

304,4 vier *fehlt AB, aber vgl. Pro.
        232,13* darauß riten vier rit-
        terlich scharen.

84

der kert mit ainer gläuy auf dy mayde.
auch gallt si im dy thiost,
    da von si auf der grüen dört lagen paide.

306 Schnell si wider auf sprungen,
      wann si noch streites gertten.
si paid nach preyse rungen.
    do spilten si des todes spil mit schwerten.
dy maget ward erfelt tod auf den annger.
do das ersach der graf Adam,
    in seinem zorn er sich auch nicht saumbt lannger.

307 Er cham so hurticleichen
      den fürsten angeranndt,
er schlüeg den müetes reichen,
    das im das schwert zu mitter prüstt erwandt.
durch sein gesponns tet er den ritter vellen.
das rach an im der fürst Lion:
    er gab den re dem, der ye trüeg uil ellen.

308 Gaban prach manig male   [f. 83r A]
      das praite her all durch.
Lantzilet auf dem wale,
    Ereck vnd Ibein machten manig furch.
Wigelois durch den streit mit chrefften rucket,
bis er ersach hertzog Lion:
    der ward zu hant von im in zwai gestucket.

309 Hye mit der streit hett ennde,
      dy statt lewt wurden fliechen.
mit scharen all behennde
      gunden si mit in zu der stat ein ziechen.

305,5 kort *A*.   309,3 scharn *AB*.
309,2 fliehen *A*.

si wurden all zu sicherhait bezwungen.
das lanndt vnd stat besetzet ward,
    do es sunst ward mit streites schimpf errungen.

310   Von Libia Amire,
    do er sunst ward errochen,
bestätt ward der uil zire.
    darumb Wigoleis ward dick wol gesprochen.
er raumbte hie das wal mit sein genossen.
als er hin zogt gen Korotin,
    do kamen laide mär im wider stossen

311   Von aim garzun, der sagte
    dy frewden losen mär,
das si von freuden iagte,
    wie fraw Florie news erstorben wär
vor sen nach ir ameis vnd auch ir kinde.
do Gaban dise mär vernam,
    do ward ein clag gehört nit all zu linde.

312   Laria trösten gunde
    ir ameys, auch ir sweher.
si iach aus süessem munde:
    'ewr clag dy lenng nit hilffet wert einr eher.'
Gaban iach: 'ich pin traurens vnergeczet.
was yemand frewden pfliget,
    so pin et ich mit laid als vnterseczet.'

313   Artus nu des begerte
    zum künig wolgethan,
das er der bet in werte
    vnd füer mit sambt Larie zw Pritan.

310,3 ziere *B*.   312,4 werd *AB*.
311,7 gehert *A*, gehörtt *B*.   313,1 nun *B*.

86

durch in vnd seinen vater er das tate.
do Ginofer dy mär vernam,
   von reichait ward geschafft in grosser rate.

314 Man fieng an mennger hannde.
   den gesten reich zu eren.
nach dem Wigelois zu lannde
   mit seiner ameye teten vrlabs geren.
diß müest et sein, da was an kain verziechen.
von irem dannen schaiden
   tet manig *herze* frewden nach in fliechen.

315 Wigelois zogt zu lannde
   mit seiner frawen clar.
mit menng küenem weygannde
   do ward beseczt das lannd mit alle gar.
Korotin ward der frewden zil genennet,
an den vogt von Pritone
   ward zu seinr zeit nye pesser chünig erchennet.

316 Mit hohen frewden reiche
   lebten si manig iar.
Larey dy mynicleiche
   in der zeit ainen schönen sun gepar.
do der erwüechs zu ritters wierd genüege,
alls ich das hab vernumen,
   das er auch preises uil mit ellen trüege,

317 Doch ward mir nye zu ennde
   diß märe kundt gethan,

313,7 war *AB*.
314,4 vrlabs tetten *B*.
314,4 gern *A*.
314,5 verziehen *B*.

314,7 von *hinter* her *2. Hd. auf Rasur* (zu?)
   A, her ze *B*.
314,7 fliehen *B*.
316,1 hochen *B*.
317,2 diß mär *B*.

was der preises genennde
   in seiner zeit mit ritterschafft begon.
Benesamus, so ward der helld genannde.
alls vnns das sagt her Wirig,
   lebtens et all mit eren sunnder schannde.

Verzeichnis der Eigennamen

Adam	XIV,3; 248,2; 267,7; 272,4; 273,1; 283,1; 302,6; 306,6
Amire	XVI,1; 297,6; 310,1
Amor	22,5
Apoll	269,5
Artus	4,1; 32,5; II,3; 40,5; 44,1; 51,4; III,1; 55,4; 58,4; 75,3; 107,4; 118,2; 166,5; 291,1; 313,1
Awentewr	186,4; 220,1
Benesamus	317,5
Domas	303,1
Ereck	291,4; 308,4
Floranndt	II,2
Floreis	I,2; 10,1; 15,4; 23,1
Florie	25,1; 26,1; 311,4
Gaban	I,3; 11,4; 14,5; 15,1; 15,5; 17,4; 18,3; 21,2; 23,2; 25,2; 25,5; 33,1; 34,3; 40,6; 41,1; 46,4; 48,1; 62,5; 165,4; 291,2; 300,6; 308,1; 311,6; 312,5
Gaharet	291,4
Ginofer	313,6
Glois	138,1; 163,5; 207,5; XII,3; XIII,3; XIV,3; 243,5; 289,1
Grahars	48,7
Hanagaw	108,2
Iban	291,3; 308,4
Irland	88,5
Jorephas	277,6; 284,6
Karidol	I,2; 7,2; 29,4; 32,5; II,2; 34,6; 38,5; 48,6; 51,4; IV,3; 165,6
Karios	XIV,1; 226,2; 228,6; 230,7; 242,5; 250,2; 267,6; 283,6; 289,4
Kaukasas	45,6
Korotin	57,1; 63,6; 64,7; 109,5; 118,5; 132,6; VIII,2; 140,5; 142,2; 152,6; IX,2; 277,6; 291,5; 292,2; 293,1; 296,4; 310,6; 315,5

Kurnibal	48,6
Lantzilet	291,2; 308,3
Lareye	136,5; 141,3; 147,5; 149,3; IX,3; 164,5; XV,6; 286,7; 294,6; 295,2; 312,1; 313,4; 316,3
Laueit	XV,3; 256,4; 268,5; 269,1
Liamire	XVI,2; 297,1
Libia	XVI,1; 297,6; 310,1
Lion	XVI,1; 297,4; 299,5; 301,1; 301,6; 307,6; 308,6
Maria	2,5
Marin	XIV,2; 238,1; 239,5; 240,6; 242,5; 250,3; 267,6; 289,5
Marin	305,1
Minne	123,1; 124,4; 153,3; 212,1; 213,1
Moral	207,4; XII,1; 210,1; XV,4; 282,4; 285,5; 286,4
München	41,7
Persia	91,6
Pheton	X,2; 177,6; 203,7; 288,5
Pritan	35,6; 313,4; 315,6
Pritoneis	304,5
Pritun	293,4
Roas	138,1; 163,5; 207,6; XII,3; 242,4; XV,2; 257,2; 273,5; 289,2; 303,2
Roymund	136,4; 142,3; 164,4; 173,5; XV,5; 294,2
Seld	214,7
Spanien	37,6
Teruiant	269,5
Venus	25,4; 153,4
Walban	291,4
Wayolars	286,6
Wigoleis	I,4; II,1; 33,7; 49,5; 50,5; 51,7; III,3; 58,5; 61,1; 64,2; IV,1; 69,6; 70,1; 73,7; 77,6; 79,6; 81,2; 82,6; 83,4; V,1; 95,4; VI,1; 99,3; 102,6; 104,6; 105,5; 106,7; 109,4; 117,4; 118,1; VII,2; 122,2; 130,6; 131,4; VIII,1; 143,1; 144,1; 146,1; 153,5; IX,1; X,1; 175,1; 176,4; 181,3; 183,5; XI,1; 200,2; XII,1; 208,3; XIII,1; XIV,1; 227,5; 229,3; 230,1; 235,4; 236,3; 240,5; 247,5; XV,1; 258,2; 266,1; 267,4; 284,1; 284,6; 291,7; 293,5; 295,1; XVI,2; 302,4; 308,5; 310,4; 314,3; 315,1
Wirig	317,6